# EXERCÍCIOS PRÁTICOS PARA ESTIMULAR A M3MÓRI4

Dados Internacionais de Catalogação na Publicação (CIP)
(Câmara Brasileira do Livro, SP, Brasil)

Palomo, Mónica
   Exercícios práticos para estimular a memória, 2 / Mónica Palomo ; tradução de Guilherme Summa. – Petrópolis, RJ : Vozes, 2016.

   Título original: Ejercicios prácticos para estimular la memoria, 2.

   9ª reimpressão, 2023.

   ISBN 978-85-326-5214-0

   1. Atenção – Testes  2. Memórias – Teste – Problemas e exercícios etc.  3. Testes psicológicos  I. Título.

16-00143                                       CDD-153.733

Índices para catálogo sistemático:
1. Atenção : Testes : Psicologia    153.733
2. Testes de atenção : Psicologia    153.733

MÓNICA PALOMO

# EXERCÍCIOS PRÁTICOS PARA ESTIMULAR A M3MÓRI4

**2**

Tradução de Guilherme Summa

EDITORA VOZES

Petrópolis

© Mónica Palomo Berjaga
© 2014, Editorial CCS, Madri – Espanha

Tradução do original em espanhol intitulado *Ejercicios prácticos para estimular la memoria – 2*

Direitos de publicação em língua portuguesa – Brasil:
2016, Editora Vozes Ltda.
Rua Frei Luís, 100
25689-900  Petrópolis, RJ
www.vozes.com.br
Brasil

Todos os direitos reservados. Nenhuma parte desta obra poderá ser reproduzida ou transmitida por qualquer forma e/ou quaisquer meios (eletrônico ou mecânico, incluindo fotocópia e gravação) ou arquivada em qualquer sistema ou banco de dados sem permissão escrita da editora.

**CONSELHO EDITORIAL**

**Diretor**
Volney J. Berkenbrock

**Editores**
Aline dos Santos Carneiro
Edrian Josué Pasini
Marilac Loraine Oleniki
Welder Lancieri Marchini

**Conselheiros**
Elói Dionísio Piva
Francisco Morás
Gilberto Gonçalves Garcia
Ludovico Garmus
Teobaldo Heidemann

**Secretário executivo**
Leonardo A.R.T. dos Santos

*Editoração*: Flávia Peixoto
*Diagramação*: Sheilandre Desenv. Gráfico
*Capa*: HiDesign Estúdio

ISBN 978-85-326-5214-0 (Brasil)
ISBN 978-84-9023-166-1 (Espanha)

Este livro foi composto e impresso pela Editora Vozes Ltda.

*À minha filha Lídia.*

# Sumário

Introdução, 9

Exercícios, 11

Soluções, 205

# Introdução

O aumento da expectativa de vida em nossa sociedade leva a um significativo crescimento de deterioração progressiva que afeta as capacidades cognitivas e ao surgimento de certos déficits.

Atualmente, uma das maiores queixas que muitas pessoas têm está relacionada à memória. Para poder ajudar essas pessoas existem alguns exercícios que permitem praticar, estimular e trabalhar as diferentes capacidades cognitivas do indivíduo, a fim de poder frear a possível deterioração cognitiva ou até mesmo revertê-la em certa medida, se forem praticados com regularidade. Por isso, em muitos lugares são oferecidas oficinas de memória para pessoas idosas, onde são realizados esses tipos de exercícios, a fim de estimular as capacidades cognitivas do indivíduo para mantê-las em forma.

Neste novo livro, continuação do anterior, continuam a ser propostos exercícios muito variados que trabalham as diferentes capacidades. Nesse caso, são elaborados para exercitar a linguagem, a atenção, o raciocínio, a orientação, o cálculo, a memória e a praxia.

Os exercícios estão divididos da seguinte forma:

- 36 atividades de linguagem, nas quais se trabalham a evocação categorial e de palavras, a sintaxe, a compreensão léxica e leitora, e a escrita.
- 35 exercícios de atenção, nos quais se exercitam a concentração, a atenção seletiva, o discernimento e a atenção continuada.
- 26 atividades de raciocínio, que trabalham as capacidades conceituais e o pensamento abstrato.

- 13 exercícios de orientação espacial, nos quais se trabalham noções de esquerda, direita, acima e abaixo.
- 30 atividades de cálculo, nas quais se exercitam o conhecimento numérico e as operações aritméticas.
- 30 exercícios de memória, especificamente memória de trabalho, memória semântica e memória imediata.
- 10 exercícios de praxia construtiva gráfica.

No total, o livro possui 180 exercícios organizados em dificuldade crescente.

Ao iniciar as atividades, convém seguir estas orientações:

- Começar pelo primeiro exercício e ir realizando os seguintes na ordem, sem pular nenhum deles.
- Realizar sessões duas vezes por semana e com duração de uma hora, no máximo.
- Realizar no máximo de 3 a 4 exercícios por sessão.
- Buscar um lugar confortável, bem-iluminado e sem ruídos para realizar as atividades.

É muito importante levar em conta que o que se propõe é ir treinando e exercitando as capacidades cognitivas pouco a pouco, e, para tanto, é necessário que os exercícios sejam resolvidos com calma, e não se perca a paciência com alguma atividade que estiver dando muito trabalho para ser solucionada, visto que aos poucos você irá melhorando. O importante aqui é estimular a memória e mantê-la em forma.

# EXERCÍCIOS

# 1

## Linguagem

Escreva o nome de 20 animais silvestres:

Doninha...

.............................................................................................................

.............................................................................................................

.............................................................................................................

.............................................................................................................

.............................................................................................................

Escreva 20 nomes de ofícios/profissões:

Carpinteiro...

.............................................................................................................

.............................................................................................................

.............................................................................................................

.............................................................................................................

.............................................................................................................

**2**

## Atenção

Encontre as 4 letras que não possuem par (que não se repetem).

| C | B | F | J | D |
|---|---|---|---|---|
| H | R | U | M | I |
| Q | L | N | P | V |
| D | Ç | A | T | K |
| P | O | X | W | F |
| E | U | Y | Z | L |
| V | I | Q | E | Y |
| A | S | G | R | H |
| M | W | Z | C | S |
| K | T | J | O | Ç |

As letras que não possuem par são:

......................................................................................................

14

# 3

## Raciocínio

O que as seguintes coisas têm em comum?

Exemplo: esferográfica – pena – lápis: as três servem para escrever.

Banana – laranja – toranja: .....................................................................

Rosa – verde – lilás: .................................................................................

Camisa – suéter – saia: ...........................................................................

Piano – violino – reco-reco: ....................................................................

Urso – baleia – vaca: ...............................................................................

F – H – J: ..................................................................................................

Anel – pingente – pulseira: .....................................................................

Ervilha – grão-de-bico – lentilha: ..........................................................

Jundiaí – Petrópolis – Salvador: .............................................................

Dedo – mão – braço: ...............................................................................

Suíço – espanhol – francês: ....................................................................

# 4

**Praxia**

Copie as seguintes figuras:

# 5

## Cálculo

Classifique os seguintes números em pares ou ímpares:

8, 47, 51, 9, 2, 28, 69, 62, 40, 18, 77, 63, 25, 4, 29, 16, 92, 27, 53, 82, 88, 1, 35, 38, 43, 72, 99, 21, 30, 34.

**Pares:**

.................................................................................................................

.................................................................................................................

**Ímpares:**

.................................................................................................................

.................................................................................................................

Ordene os números pares do maior para o menor:

.................................................................................................................

.................................................................................................................

Ordene os números ímpares do maior para o menor:

.................................................................................................................

.................................................................................................................

# 6

**Atenção**

Assinale abaixo todas as letras que estão DUAS posições antes do B:

Exemplo: A**E**DBGRTF**H**BIJUKOLPÇ**M**NBGRFE**D**TBVCEASX**D**CBGH

I O B Y T R E D F B G T A S X C B J I K O L P I B I U Y T R E D F G B V C S

A Z X C N M K O L P I Ç D E R T G H U J D S A S X Z C D G U H J I K B O L

P R E D S C V F G B J U H B K I O L B R E D S B A S C B H R T G J K I O B P

O I O L P Ç K J U H Y T R E S D C V F G B N H G T R E B I O L K J N B A S B

V C X E R B N H U J I K G F E D T R O P L Ç O T R E D S A S Z X C U Y T R

G F D E J H D E R F D I U K O L P U Y T R S D E A J K H T G R F E D S A P O

B P L K I U Y G B V C D E S B O L P Ç I J B H G R F D E S A S B N V C D S X

U I K L M N B G R F E S W Q O P L N B V F D C X S A U J B H Y G T P O L B

R E T C A S Z X C B F D G B G R F B E R T B O I B P O L A B A E B U I B O U

Y T B I O P L B A S E D T R H U N B J I O L B A E T U L O P B S D F T G J K

P Ç B U Y T R E Q W E R T Y U I O P L K J H G F D S A S D F D S X Z C V G

H N J M I K O L P Ç O I U Y T G F D R H J N G F C D I K N B G R F E D O P

L I U B T G R F D E S B G F R J U B H G T F B V C D S A B J I N B G F T V B N

J I O P Ç L B S E B D R B T F B Y G B U H B J O I L K J B P I K J E S B A T R

# 7

## Memória

Leia o texto abaixo durante aproximadamente 2 minutos. Em seguida, na página seguinte, responda às perguntas relacionadas ao texto, sem consultá-lo:

Eram 10 da manhã, Matias estava saindo de casa quando, de repente, o telefone tocou. Era a irmã dele, Sílvia, que estava um pouco assustada porque tinha acabado de sofrer um acidente de carro. Matias foi correndo até o local onde Sílvia se encontrava. Ao chegar, ele percebeu que o Seat Ibiza de sua irmã estava com o para-choque profundamente amassado. Sílvia lhe explicou o que acontecera: um Peugeot 207 avançou o sinal e os dois carros bateram. Por sorte, não foi nada grave e tanto ela como o rapaz do outro carro estavam bem. Mas Sílvia estava triste porque comprara o carro há um mês apenas... Eduardo, o rapaz com quem se chocou, havia sido muito amável, reconhecera a culpa e os dois se acertaram a respeito do seguro. Eduardo ia um pouco rápido e avançou o sinal vermelho porque estava atrasado para o trabalho e, segundo ele, não vira que estava vindo um carro no cruzamento.

Responda às seguintes perguntas:

1) A que horas Matias estava saindo de casa?
......................................................................................................

2) Quem telefonou para ele?
......................................................................................................

3) O que lhe contou?
......................................................................................................

4) O que ele viu ao chegar ao local?
......................................................................................................

5) Qual é o carro da irmã dele?
......................................................................................................

6) Qual é o carro do outro rapaz?
......................................................................................................

7) Quanto tempo fazia que ela havia comprado o carro?
......................................................................................................

8) Qual é o nome do rapaz do outro carro?
......................................................................................................

9) Por que ele avançou o sinal vermelho?
......................................................................................................

10) Como reagiu a outra pessoa envolvida no acidente?
......................................................................................................

# 8

**Linguagem**

Escreva 20 palavras que comecem com **RI**:

Riso...

..................................................................................................................

..................................................................................................................

..................................................................................................................

..................................................................................................................

..................................................................................................................

Escreva 20 palavras que comecem com **MO**:

Montanha...

..................................................................................................................

..................................................................................................................

..................................................................................................................

..................................................................................................................

..................................................................................................................

# 9

## Cálculo

Execute as seguintes adições e complete as casinhas da tabela. Tente fazê-las o máximo que puder mentalmente e, para as restantes, use papel e lápis.

|      | 2 | 3 | 7 | 9 | 12 | 20 | 22 |
|------|---|---|---|---|----|----|----|
| +2   |   |   |   |   |    |    |    |
| +10  |   |   |   |   |    |    |    |
| +8   |   |   |   |   |    |    |    |
| +25  |   |   |   |   |    |    |    |
| +5   |   |   |   |   |    |    |    |
| +23  |   |   |   |   |    |    |    |
| +7   |   |   |   |   |    |    |    |
| +30  |   |   |   |   |    |    |    |
| +15  |   |   |   |   |    |    |    |
| +9   |   |   |   |   |    |    |    |
| +22  |   |   |   |   |    |    |    |
| +4   |   |   |   |   |    |    |    |

# 10

## Atenção

Descubra quais são as 7 figuras repetidas:

As figuras que se repetem são:

..........................................................................................

# 11

## Memória

Você encontrará abaixo um conjunto de números; leia cada conjunto separadamente e, sem olhar, repita-os na ordem inversa.

**Exemplo:** 97-51-65
O inverso é: 65-51-97

A) 88-67-41                    I) 21-33-89-90

B) 32-99-47                    J) 92-17-40-30

C) 21-29-32                    K) 50-61-13-27

D) 48-55-69                    L) 27-82-44-31

E) 13-19-81                    M) 39-12-62-57

F) 25-62-47                    N) 77-41-37-81

G) 35-14-23                    O) 25-95-84-13

H) 93-44-52                    P) 17-95-83-18

# 12

## Orientação

Desenhe, no centro, um quadrado grande. Dentro dele, desenhe uma cruz. Do lado direito do quadrado, escreva o número 100 e, do lado esquerdo, o número 300.

Desenhe, no centro, um círculo grande. Dentro dele, desenhe um triângulo. Do lado direito do círculo, desenhe outro círculo menor e do lado direito também. Debaixo do círculo do centro escreva o número 500.

# 13

**Praxia**

Copie as seguintes figuras:

# 14

## Memória

Memorize bem esses números por aproximadamente 2 minutos. Na página seguinte, você terá de escrevê-los na mesma ordem (sem olhar). Para ficar mais fácil, você pode memorizá-los em grupos pequenos, e não tudo junto. Por exemplo: 71/95/40...

## 719540

## 687325

Memorize bem esses números por aproximadamente 2 minutos. Na página seguinte, você terá de escrevê-los na mesma ordem (sem olhar). Para ficar mais fácil, você pode memorizá-los em grupos pequenos, e não tudo junto. Por exemplo: 65/92/47...

## 659247

## 697805

Sem olhar, escreva corretamente os números da página anterior:

Sem olhar, escreva corretamente os números da página anterior:

# 15

## Linguagem

Escreva o nome de 20 verduras/hortaliças:

Acelga...

.................................................................................................

.................................................................................................

.................................................................................................

.................................................................................................

.................................................................................................

.................................................................................................

Escreva o sobrenome de 20 pessoas:

Silva...

.................................................................................................

.................................................................................................

.................................................................................................

.................................................................................................

.................................................................................................

.................................................................................................

# 16

## Cálculo

Classifique os seguintes números em pares ou ímpares:

32, 47, 22, 9, 6, 87, 93, 62, 55, 58, 78, 4, 10, 19, 33, 84, 27, 3, 17, 23, 44, 83, 18, 65, 8, 13, 45, 91, 15, 70.

**Pares:**

..........................................................................................................................

..........................................................................................................................

**Ímpares:**

..........................................................................................................................

..........................................................................................................................

Ordene os números pares do maior para o menor:

..........................................................................................................................

..........................................................................................................................

Ordene os números ímpares do maior para o menor:

..........................................................................................................................

..........................................................................................................................

# 17

## Memória

Escreva a palavra adequada a cada definição.

1) Bola de material elástico que pode ser chutada, usada em diversos jogos e esportes:

.........................................................................................................................

2) Criança de peito:

.........................................................................................................................

3) Veículo de grande porte concebido para o transporte de pessoas, que geralmente percorre um longo itinerário:

.........................................................................................................................

4) Construção de pedra, tijolo, madeira, ferro, concreto etc. erguida sobre rios ou outros cursos d'água para se poder atravessá-los:

.........................................................................................................................

5) Aparelho eletrodoméstico, que produz frio para conservar alimentos ou outras substâncias:

.........................................................................................................................

6) Meio de transporte que circula sobre trilhos, composto por um ou mais vagões arrastados por uma locomotiva:

.........................................................................................................................

7) Açúcar fundido e endurecido:

.........................................................................................................................

8) Cada uma das diferentes plantas que, superpostas, constituem um edifício:

.........................................................................................................................

9) Estrela luminosa, centro de nosso sistema planetário:

.........................................................................................................................

10) Extremidade de qualquer dos membros inferiores do ser humano que serve para sustentar o corpo e andar:

.........................................................................................................................

# 18

**Linguagem**

Encontre as 12 palavras que contêm erros ortográficos e, em seguida, escreva-as corretamente:

| LIVRO | CAMA | PERUCA | FACÃO | ESTÚDEO |
|-------|------|--------|-------|---------|
| CABESA | DRAMA | PRAIA | ESTOJO | TRONO |
| BARCO | BEN | MÚSICA | PLOVEITO | COMICO |
| CUZTO | ÁLDIO | RÉDEA | VELEIRO | BAÍA |
| TORE | LARVA | ASSÃO | REMO | SELO |
| BULE | PROTEÍNA | MANTA | MALETA | BAILE |
| BOCEJAR | GAVETA | TELEFONE | PONBO | MEZQUITA |
| CARRO | CÉU | TRAGETO | VARRER | PORTA |

1) .............................................

2) .............................................

3) .............................................

4) .............................................

5) .............................................

6) .............................................

7) .............................................

8) .............................................

9) .............................................

10) .............................................

11) .............................................

12) .............................................

# 19

**Atenção**

Assinale abaixo todas as letras que estão TRÊS posições antes do M:

Exemplo: OLJUEMJH**D**TEMAC**E**TTMOLYUTE**R**FSMKJFHRTE**P**LSM

ITYDHSGEMBHGJYRTEMBFALSKOEPÇMNBVCADERTDGFHMNGJTUIOP

QÇLAKDJERTMNBCVDGTEFSVMKFJUFMRAETDPLLÇDMUYTERAGDFDD

DDMKJGUYTOPQÇLMJHTERFSSMDJFUYRTERADSLKOPLKJFHFYTRHGP

ÇLQERXMKIYRTEÇPODJSMKETRWQPÇAMHFTRGAAAAMTOTMPOIYL

MHTREASMJUYTRZXMKIJUHYERMLOPÇLKJHGREDMIUEQJMNBFRTGD

SAKOLPÇIJHTGRFDERMJBVFDCSXZAYUJOPÇLKWERTGMNBVFGTROP

ÇLKMUJHGMHYTFFMNBVDERMKJHYTOPÇLMJHGYMNBVFDMUJHGFE

RASIOLPLOIASUIYTGFREDSAZXSIOLPÇLKUJHGTRESDAQWKIOLKMHNB

VCXFUIMLKOPÇLMJHGRFDAMIUOPLRTEGDMNGHTYALSKJEPRMNBH

GTRMNVSDETROPLHKMTERIMNBFSREMKJYEMNBVSDEMROLKEMETRA

# 20

## Linguagem

Ordene alfabeticamente as seguintes palavras:

Rajada, vagem, domínio, baile, virtude, alimento, gato, queijo, país, nervo, ideia, fortuna, outra, torneio, mercúrio, conto, saída, ferro, loucura, escudo.

1) .............................................

11) .............................................

2) .............................................

12) .............................................

3) .............................................

13) .............................................

4) .............................................

14) .............................................

5) .............................................

15) .............................................

6) .............................................

16) .............................................

7) .............................................

17) .............................................

8) .............................................

18) .............................................

9) .............................................

19) .............................................

10) .............................................

20) .............................................

# 21

**Memória**

A seguir, você encontrará uma série de sílabas sem significado; leia-as e, sem olhar, repita-as, porém, na ordem inversa.

**Exemplo:** LI-TE-SON

Na ordem inversa é: SON-TE-LI

1) CO-LA-ME

2) RE-TI-LO

3) SU-LE-RI

4) MI-TO-NO

5) PE-CO-RA

6) LIS-ME-NE

7) RON-TO-SO

8) PE-RI-CES

9) NO-LI-PON-TI

10) RA-CO-LIS-TON

11) ZIS-TON-LE-TO

12) BE-CI-RO-CA

13) SE-NI-RE-LA

14) TO-RO-ME-SON

15) SIS-TO-LE-PI

16) NIR-TEM-SI-MO

# 22

## Linguagem

Escreva 20 palavras que comecem por **TA**:

Talento...

.............................................................................................

.............................................................................................

.............................................................................................

.............................................................................................

Escreva 20 palavras que comecem por **CI**:

Cimento...

.............................................................................................

.............................................................................................

.............................................................................................

.............................................................................................

# 23

**Atenção**

Leia uma letra sim, outra não, começando da esquerda para a direita. Vá escrevendo-as abaixo do quadro. Ao final, você obterá a descrição de uma pessoa.

| A | S | L | I | V | Q | A | O | R | T | O |
|---|---|---|---|---|---|---|---|---|---|---|
| E | E | S | A | B | L | N | T | T | O | D |
| M | Q | U | E | I | J | T | W | O | A | M |
| H | A | T | G | N | R | T | O | F | E | L |
| T | G | E | S | M | D | C | J | A | G | B |
| F | E | H | L | K | O | A | C | S | A | L |
| S | K | T | B | A | P | N | M | H | A | O |

..................................................................................................................

..................................................................................................................

..................................................................................................................

..................................................................................................................

..................................................................................................................

# 24

**Raciocínio**

Preencha as casas vazias com as figuras que faltam. Você não pode repetir nenhuma figura em uma mesma linha ou coluna.

# 25

**Linguagem**

Ordene alfabeticamente as seguintes palavras:

Pé, tecla, caminho, onda, rede, dia, arco, livro, universo, instante, folha, firma, biscoito, criança, xarope, vida, branco, maestro, sinal, bola.

1) ..........................................

2) ..........................................

3) ..........................................

4) ..........................................

5) ..........................................

6) ..........................................

7) ..........................................

8) ..........................................

9) ..........................................

10) ..........................................

11) ..........................................

12) ..........................................

13) ..........................................

14) ..........................................

15) ..........................................

16) ..........................................

17) ..........................................

18) ..........................................

19) ..........................................

20) ..........................................

# 26

## Cálculo

Execute as seguintes somas e complete as casinhas da tabela. Tente fazê-las o máximo que puder mentalmente e, para as restantes, use papel e lápis.

|      | 10 | 5 | 4 | 17 | 23 | 45 | 100 |
|------|----|---|---|----|----|----|-----|
| +10  |    |   |   |    |    |    |     |
| +7   |    |   |   |    |    |    |     |
| +8   |    |   |   |    |    |    |     |
| +22  |    |   |   |    |    |    |     |
| +17  |    |   |   |    |    |    |     |
| +15  |    |   |   |    |    |    |     |
| +26  |    |   |   |    |    |    |     |
| +30  |    |   |   |    |    |    |     |
| +42  |    |   |   |    |    |    |     |
| +90  |    |   |   |    |    |    |     |
| +75  |    |   |   |    |    |    |     |
| +60  |    |   |   |    |    |    |     |

# 27

## Praxia

Copie as seguintes figuras:

# 28

**Memória**

Memorize bem essas figuras por aproximadamente 2 minutos. Na página seguinte, você terá de desenhá-las na mesma ordem (sem olhar). Para ficar mais fácil, você pode memorizá-las em grupos pequenos, e não tudo junto. Por exemplo: ☺☹/❄⇧...

Memorize bem essas figuras por aproximadamente 2 minutos. Na página seguinte, você terá de desenhá-las na mesma ordem (sem olhar). Para ficar mais fácil, você pode memorizá-las em grupos pequenos, e não tudo junto. Por exemplo: ↙☺/○✡...

Sem olhar, desenhe corretamente as figuras da página anterior:

Sem olhar, desenhe corretamente as figuras da página anterior:

# 29

**Linguagem**

Escreva o nome de 20 ferramentas:

Martelo...

.............................................................................................................

.............................................................................................................

.............................................................................................................

.............................................................................................................

.............................................................................................................

Escreva o nome de 20 eletrodomésticos:

Lavadora...

.............................................................................................................

.............................................................................................................

.............................................................................................................

.............................................................................................................

.............................................................................................................

# 30

## Orientação

Desenhe no lado esquerdo uma flor e no lado direito uma flecha para cima. No centro, escreva o número 8 e, debaixo dele, desenhe um coração e, em cima, uma cruz.

Desenhe no lado direito dois círculos e, em cima deles, no centro, um triângulo. No centro do papel, desenhe um quadrado grande com duas cruzes dentro. No lado esquerdo, desenhe um pentágono e, debaixo dele, dois círculos.

# 31

## Memória

Você encontrará abaixo várias palavras; leia-as uma por uma e, sem olhar, soletre-as (em ordem, diga as letras que compõem a palavra).

**Exemplo:** FERRO

As letras que compõem essa palavra são: F-E-R-R-O.

1) CAMA

2) PISO

3) DICA

4) LINDO

5) CARRO

6) GRIFO

7) TRENÓ

8) BALÃO

9) POSTAL

10) MALOTE

11) CENTRO

12) FRESCO

13) PANTEÃO

14) CORAÇÃO

15) MERLUZA

16) COTAÇÃO

# 32

**Raciocínio**

Leia a seguinte fábula de Jean de la Fontaine e, em seguida, explique qual é a moral da história:

## OS LADRÕES E O ASNO

Dois homens que haviam roubado um asno não entravam em acordo sobre o destino que queriam dar ao animal. Um queria vendê-lo logo para desfrutar do dinheiro e o outro queria usá-lo para carregar a mercadoria que roubariam posteriormente.

Não chegavam a um acordo, a discussão se tornava cada vez mais violenta, até que em um determinado momento saíram no braço. Enquanto os dois rolavam no chão trocando socos, passou pelo local um terceiro ladrão, que por acaso se aproximou para escutar a discussão e ver a cena. Ocorreu-lhe que poderia tirar partido da situação: aproveitando que os outros dois ladrões não se davam conta do que acontecia ao redor deles por estarem envolvidos na luta, ele se apoderou do asno e fugiu do lugar.

**Moral da história:**

......................................................................................................................................

......................................................................................................................................

......................................................................................................................................

......................................................................................................................................

# 33

### Atenção

Encontre os números do 16 ao 95 que faltam. Quando os encontrar, escreva-os nos quadrados em branco. É mais fácil começar buscando pelos números por ordem: primeiro procure o 16, depois o 17 etc., até encontrar os que faltam.

| | | | | | | | |
|---|---|---|---|---|---|---|---|
| 25 | 59 | 37 | 70 | 46 | 41 | 74 | 21 |
| 18 | 40 | 77 | 22 | 55 | 68 | 61 | 31 |
| 35 | 81 | 30 | 73 | 80 | 17 | 50 | 36 |
| 66 | 51 | 84 | 65 | 39 | 45 | 86 | 56 |
| 44 | 71 | 23 | 54 | 91 | 83 | 29 | 67 |
| 16 | 60 | 43 | 79 | 58 | 24 | 42 | 78 |
| 34 | 76 | 64 | 88 | 69 | 92 | 90 | 27 |
| 53 | 93 | 47 | 32 | 95 | 20 | 57 | 48 |
| 87 | 26 | 38 | 82 | 62 | 49 | 85 | 72 |
| | | | | | | | |

# 34

**Cálculo**

Complete as seguintes séries numéricas:

| 3 | 5 |  | 9 |  |  |  | 17 | 19 |  |

| 6 |  | 12 |  |  | 21 | 24 |  | 30 |  |

| 2 |  | 10 |  | 22 |  |  | 34 | 38 |

| 17 |  |  | 26 |  | 32 | 35 |  |  | 44 |

| 21 |  |  | 36 |  | 46 |  |  | 61 | 66 |

| 34 |  | 48 | 55 |  |  | 76 |  |  | 97 |

# 35

## Linguagem

Encontre as 12 palavras que contêm erros ortográficos e, em seguida, escreva-as corretamente:

| | | | | |
|---|---|---|---|---|
| HÁBIL | LENHA | CAICHA | IMPRIMIR | PANO |
| IMPEDIR | LIBELULA | TABELA | FENDA | ORÁRIO |
| ORELIA | TALO | FOCINHO | LINGUA | VERTIGEM |
| CHEGAR | MANTILHA | PORRE | LAMAÇAL | AZUL |
| VANTAGEM | ASEITONA | CANO | AMBOS | FLEXA |
| RELUZIR | GUISADO | CUMPRE | FURÃO | CUSPE |
| JENERAL | BAIXA | LÁPIZ | TONBO | LINDA |
| RÓTULA | IMFINITO | RAJADA | GAÚCHO | CERINGA |

1) ......................................

2) ......................................

3) ......................................

4) ......................................

5) ......................................

6) ......................................

7) ......................................

8) ......................................

9) ......................................

10) ......................................

11) ......................................

12) ......................................

50

# 36

**Atenção**

Assinale abaixo todos os números que estão DUAS posições depois do 2:

Exemplo: 13454234672890761345623415627654218327895642875360296

8764532341536789098235461294653421865123451209876543546789
0998765454673134509876754789043123145647806543705431243 76
4562654892178965288097654345789067543567891345678905 24456
2362132752432568769562113456789045634879542765098432 11325
4276286546287652343609213754279854279845321543765432 87905
4236789564231456321456709865432134254642686543964324 32654
7627862452134278906754269876329876312435673213456732654327
9654213456789431546789546314567890765845836904561345 67098
7341560871490754732986754132568790654316784315662435 62765
2152367287247289345614987652341657894531276895432 11890876

# 37

## Raciocínio

Transcreva as seguintes figuras considerando o que cada símbolo representa:

♥ = A     ☼ = S     △ = N     ♣ = O     ✡ = V     ☺ = E     ⚑ = R

Exemplo: ☼♥⚑♥ = SARA

☼☺⚑ =                        △☺✡♥⚑ =

☼☺⚑ =                        ☼♥⚑△♥ =

♥△♣ =                        △☺✡♣♥ =

△♣⚑♥ =                       ♥☼☼♥⚑ =

⚑☺△♥ =                       ✡☺△☺△♣ =

⚑♥☼♣ =                       ⚑☺☼☼♣♥⚑ =

✡☺⚑☼♣ =                      ⚑☺☼☺⚑✡♥ =

# 38

## Cálculo

Classifique os seguintes números em pares ou ímpares:

81, 19, 15, 18, 29, 32, 48, 53, 63, 93, 98, 72, 42, 31, 55, 66, 78, 40, 70, 92, 69, 51, 11, 12, 25, 34, 88, 77, 64, 80.

**Pares:**

...........................................................................................................................

...........................................................................................................................

**Ímpares:**

...........................................................................................................................

...........................................................................................................................

Ordene os números pares do maior para o menor:

...........................................................................................................................

...........................................................................................................................

Ordene os números ímpares do maior para o menor:

...........................................................................................................................

...........................................................................................................................

# 39

## Linguagem

Escreva 20 palavras que comecem por **DU**:

Duro...

..................................................................................................................

..................................................................................................................

..................................................................................................................

..................................................................................................................

..................................................................................................................

Escreva 20 palavras que comecem por **FI**:

Final...

..................................................................................................................

..................................................................................................................

..................................................................................................................

..................................................................................................................

..................................................................................................................

# 40

## Atenção

Encontre 20 nomes de números (por extenso) entre todas estas letras. As palavras encontram-se na horizontal e da esquerda para a direita.

Exemplo: IPTURTDLGFJBERÇNVBERA**UM**MNSUMALEROSOTPL

RTREZESORARGRDJIRERIDOISROAPRDRARERBAEO
CRPVKPRRELRRVACRETRASRIORONERADORERQU
ATROFPEGARIDEZITAROPMIESNONZEATIENPIALI
EDUTRAZBGIOPFLÇREDBNMYTRASDFCMBOITONG
HRTPYOUJÇKHETREVWSASMXNCVDLGPRTZXMGA
DEZESSETEIHRTPUPLYOEÇHLEQUINZEFASEPQZM
VNFHRTDGLKTUIHJNVVSFEDHJTYPJLBNCGDFESC
MXBSFRTODOZEGHFDJKYOSEISPULAZXCSEDRFG
MNJTYHFBVGRELKCMPOIUYTREDCBFGTEZASLPH
OÇLKUYTRESDOPIREDFGTJHBMGTUIÇLOSDAETR
INTAWIZXVFTRJMNKUCATORZEYOPÇLKYRLKEFM
JUITGVBPOEKIASKJMNGTREEDJUIPÇLBGFREDSHG
XFRTIOLPÇHGFSDAJNYTREOLKMNHYTGFREDSZA
UNOVESCFRPLOÇISETEIYTLREJHGFIDEZENOVEOB
NMHGTRIFDDSAJKIOLPÇKJHYGRIECINCOXCBNHG
JKOEVINTELPÇASERQUEDIJTFMBVHDCBWUDIEDE
ZOITOYOLKHGRDEZESSEISESATPORDKUSOAELSI

# 41

## Memória

Você encontrará abaixo um conjunto de números; leia cada conjunto separadamente e, sem olhar, ordene-os do menor para o maior.

**Exemplo:** 39-81-44

Ordenados do menor para maior: 39-44-81

A) 47-13-29

B) 89-32-19

C) 44-55-11

D) 93-91-22

E) 27-17-81

F) 90-53-14

G) 31-69-29

H) 50-40-45

I) 19-61-32-25

J) 22-28-15-31

K) 45-82-63-15

L) 95-53-61-76

M) 23-18-38-92

N) 63-42-51-35

O) 27-11-69-32

P) 57-81-19-22

# 42

**Linguagem**

Ordene alfabeticamente as seguintes palavras:

Obra, fresco, dardo, ábaco, jardim, manga, direito, lábia, acelga, ícone, favor, machado, leito, pasta, fio, gota, mecha, pérola, suco, gengiva.

1) ..............................................   11) ..............................................

2) ..............................................   12) ..............................................

3) ..............................................   13) ..............................................

4) ..............................................   14) ..............................................

5) ..............................................   15) ..............................................

6) ..............................................   16) ..............................................

7) ..............................................   17) ..............................................

8) ..............................................   18) ..............................................

9) ..............................................   19) ..............................................

10) ..............................................   20) ..............................................

## 43

**Raciocínio**

Preencha as casas vazias com as figuras que faltam. Você não pode repetir nenhuma figura em uma mesma linha ou coluna.

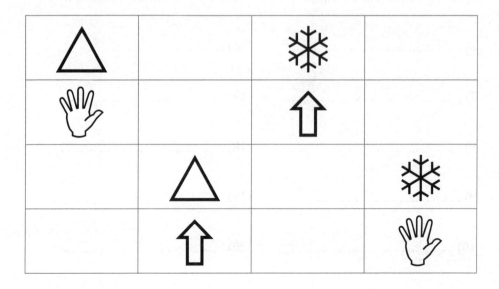

# 44

**Cálculo**

Execute as seguintes adições e subtrações e complete as casinhas da tabela. Tente fazê-las o máximo que puder mentalmente e, para as restantes, use papel e lápis.

|       | 62 | 20 | 35 | 75 | 25 | 47 | 50 |
|-------|----|----|----|----|----|----|----|
| +39   |    |    |    |    |    |    |    |
| −6    |    |    |    |    |    |    |    |
| +18   |    |    |    |    |    |    |    |
| −4    |    |    |    |    |    |    |    |
| +26   |    |    |    |    |    |    |    |
| −9    |    |    |    |    |    |    |    |
| +30   |    |    |    |    |    |    |    |
| −12   |    |    |    |    |    |    |    |
| +90   |    |    |    |    |    |    |    |
| −20   |    |    |    |    |    |    |    |
| +65   |    |    |    |    |    |    |    |
| −16   |    |    |    |    |    |    |    |

# 45

**Atenção**

Leia uma letra sim, outra não, começando da esquerda para a direita. Vá escrevendo-as abaixo do quadro. Ao final, você obterá a descrição de uma pessoa.

| C | I | R | T | I | O | S | H | T | L | I |
|---|---|---|---|---|---|---|---|---|---|---|
| P | N | E | A | N | E | I | B | R | A | K |
| I | A | X | J | A | R | E | T | G | M | O |
| U | R | P | D | R | I | Y | N | Q | H | W |
| A | B | E | Ç | T | P | E | Y | M | Q | C |
| M | A | V | B | Z | E | F | L | U | O | T |
| S | K | L | M | O | R | N | H | G | C | O |
| J | S | A | E | D | C | O | A | R | S | U |
| T | X | A | Y | N | R | H | B | O | E | S |

..............................................................................................................

..............................................................................................................

..............................................................................................................

..............................................................................................................

..............................................................................................................

# 46

## Orientação

Desenhe, no centro, um coração e de cada lado um coração menor. No lado esquerdo, desenhe três trevos e debaixo deles escreva o número 500. Debaixo do segundo zero, escreva o número 1. No lado direito, desenhe um triângulo grande e, dentro dele, dois quadrados, um em cima do outro.

Desenhe duas estrelas no lado esquerdo. Em cima de cada uma, desenhe um asterisco; no centro, desenhe uma mão aberta e, debaixo dela, uma carinha sorridente. Ao lado esquerdo dela, escreva o número 9. Na parte direita do papel, desenhe uma cruz e, debaixo dela, um sol.

# 47

## Cálculo

Classifique os seguintes números em pares ou ímpares:

82, 104, 139, 127, 93, 44, 187, 145, 128, 98, 60, 203, 198, 209, 221, 155, 205, 192, 207, 261, 110, 31, 47, 250, 126, 231, 29, 132, 269, 298.

**Pares:**

..............................................................................................................................

..............................................................................................................................

**Ímpares:**

..............................................................................................................................

..............................................................................................................................

Ordene os números pares do maior para o menor:

..............................................................................................................................

..............................................................................................................................

Ordene os números ímpares do maior para o menor:

..............................................................................................................................

..............................................................................................................................

# 48

**Raciocínio**

Leia a seguinte fábula de Tomás de Iriarte e, em seguida, explique qual é a moral da história:

## O FRANGO E OS DOIS GALOS

Um galo, que se achava forte e valente, certo dia, teve que enfrentar um frango. O frango, que era bem grande e crescido, mas não chegava a ser adulto, ainda que não tardasse muito a sê-lo, era um animal muito corajoso, tanto que deu uma surra no galo e o deixou fora de combate.

O galo, quando o frango não o estava escutando, disse: "Com o passar do tempo, será um grande galo! Mas, como ainda continua sendo um frango, senti pena e deixei que me vencesse".

Passado um tempo, o galo travou uma nova luta, desta vez com um galo velho que, embora frágil, tinha adquirido muita experiência com os anos. Deu-se que o galo novamente perdeu o combate, ficou todo depenado e maltratado, e disse: "Deixei-me vencer por esse velho galo porque tive pena de bater nele por sua idade! Está muito caduco e, por pena, deixei que me vencesse!"

**Moral da história:**

...................................................................................................................................

...................................................................................................................................

...................................................................................................................................

# 49

## Linguagem

Escreva o nome de 20 meios de transporte:

Ônibus...

.................................................................................................

.................................................................................................

.................................................................................................

.................................................................................................

.................................................................................................

Escreva o nome de 20 países:

Brasil...

.................................................................................................

.................................................................................................

.................................................................................................

.................................................................................................

.................................................................................................

# 50

**Atenção**

Encontre os números do 87 ao 166 que faltam. Quando os encontrar, escreva-os nos quadrados em branco. É mais fácil começar buscando pelos números por ordem: primeiro procure o 87, depois o 88 etc., até encontrar os que faltam.

| 108 | 128 | 94  | 136 | 102 | 114 | 123 | 93  |
|-----|-----|-----|-----|-----|-----|-----|-----|
| 88  | 105 | 157 | 140 | 90  | 156 | 107 | 134 |
| 117 | 131 | 92  | 149 | 122 | 138 | 130 | 112 |
| 133 | 148 | 111 | 152 | 143 | 97  | 145 | 118 |
| 98  | 141 | 121 | 106 | 161 | 127 | 100 | 155 |
| 113 | 119 | 126 | 89  | 154 | 104 | 166 | 109 |
| 158 | 129 | 101 | 115 | 142 | 160 | 87  | 163 |
| 146 | 91  | 151 | 137 | 164 | 120 | 135 | 96  |
| 103 | 132 | 162 | 95  | 116 | 150 | 125 | 144 |
|     |     |     |     |     |     |     |     |

# 51

## Memória

A seguir, você encontrará uma série de sílabas sem significado; leia-as e, sem olhar, repita-as, porém na ordem alfabética.

**Exemplo:** ME-TO-LO

Na ordem alfabética é: LO-ME-TO

1) RA-LI-SO

2) BI-TO-MO

3) SA-TI-NA

4) ME-CO-DI

5) GE-NO-CE

6) PU-FE-TO

7) VA-RA-DO

8) RE-DO-TE

9) CA-NO-FE-VI

10) LU-NI-JE-FA

11) RA-TE-DO-PO

12) LE-RE-HI-FE

13) HA-LO-DO-RO

14) SU-NE-GI-TO

15) KI-NO-FE-PI

16) RE-ME-SI-GO

# 52

**Raciocínio**

O que as três palavras têm em comum?

Caneta – Pena – Lápis: os três são objetos usados para escrever.

Faca – Colher – Garfo: ....................................................................

Caderno – Papel – Bloco: ..............................................................

Bola – Tomate – Sol: ......................................................................

Barros – Matos – Silva: ...................................................................

Tília – Poejo – Camomila: ...............................................................

A – E – U: ......................................................................................

Vinho – Cerveja – Rum: ..................................................................

Margarida – Rosa – Lírio: ................................................................

Alfredo – Vicente – José: .................................................................

Quatro – Sete – Vinte: ....................................................................

Outubro – Agosto – Janeiro .............................................................

# 53

**Praxia**

Copie as seguintes figuras:

# 54

## Orientação

Escreva os trajetos representados na seguinte quadrícula, desde o ponto de partida (☺) até o ponto final (☆).

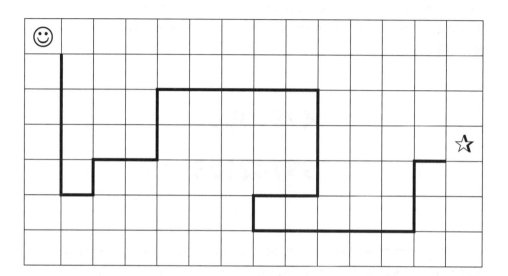

a) 4 quadrados para baixo

b) ................................................

c) ................................................

d) 2 quadrados para a direita

e) ................................................

f) 4 quadrados para a direita

g) ................................................

h) ................................................

i) 1 quadrado para baixo

j) ................................................

k) ................................................

l) 1 quadrado para a direita

# 55

## Memória

Memorize bem esses números por aproximadamente 2 minutos. Na página seguinte, você terá de escrevê-los na mesma ordem (sem olhar). Para ficar mais fácil, você pode memorizá-los em grupos pequenos, e não tudo junto. Por exemplo: 478/105...

## 47810560
## 99742123

Memorize bem esses números por aproximadamente 2 minutos. Na página seguinte, você terá de escrevê-los na mesma ordem (sem olhar). Para ficar mais fácil, você pode memorizá-los em grupos pequenos, e não tudo junto. Por exemplo: 394/788...

## 39478855
## 55439209

Sem olhar, escreva corretamente os números da página anterior:

Sem olhar, escreva corretamente os números da página anterior:

# 56

**Raciocínio**

Transcreva as seguintes figuras considerando o que cada símbolo representa:

✌ = M     🖐 = A     ☺ = L     ☹ = R     👍 = T     🤟 = E     😐 = S

Exemplo: ☺🤟👍🖐 = SETA

✌🤟😐🖐 =

✌🤟👍🖐☺ =

👍🤟☺🖐 =

☺🤟👍🖐☺ =

✌🖐👍🤟 =

☺🤟☺✌🖐 =

👍☹🤟😐 =

😐🤟☺🤟👍🖐 =

✌☺🖐😐 =

🤟☺✌🖐☺👍🤟 =

👍☹🖐✌🖐 =

🤟😐👍☹🤟☺🖐 =

☹🤟👍🖐😐 =

✌🖐☺🤟👍🖐😐 =

# 57

## Atenção

Quais são as 2 letras do alfabeto que faltam?

MBVCXZJLKJHGFDAPOIUYTREWQRFCTYUJBGQPLJIREZXAPOIE
JRTFGVJGHQWOIEPRJAZLITRPODGECMVBZXIAQWPOLYETDJRFPJUYI
TREHGJBMVGMKJYTRELOLPAEITAPZLMXKCIETRFGVCJHUYITOAPJERT
ZKYTOIJHGFDEIRAYTGAZOIUHYVCFRKLUYTAERXZCDIMBVGOTYPLOJI
Faltam as letras:

.................................................................................................

QWSEDRFTGYHUJIKOLPJMNBCXZQSWDEXCFRGTYHUDIKOPMNBCPLO
JZERTFDSXZCGTYHNHBUJIPEQWLKOPJMNYTGFDBGRQWEDSXCZR
TGHYUOPTJHGTNMBCBGTRXZIUOPLERSQWZXDEROPJLKJUMNBCX
ZDSERFYHTGFIOPJLKJHGQWZSCBHYTNMHGFRTPOJLIUYTESYTNFGRZ
Faltam as letras:

.................................................................................................

MZNXBCVAJSDFKGJQPWOEIRUTYJPOIUMNBTGVFREDCXSWQAZQA
ZXCDSWERFVBGTYNMJUIKOPJOIUMNBYTGJUTREWQSDCXEVZAOP
JMKIJUYTJBYREVCDEWSQAZXCUYTJKPJOKIEMNJOAERTGFBVYUCXDS
WIQOPERMNVBCXZASERTYDFICOPJAQWSMBNVERTJFDIKPRTJZXA
Faltam as letras:

.................................................................................................

# 58

## Linguagem

Encontre as 12 palavras que contêm erros ortográficos e, em seguida, escreva-as corretamente:

| ABUSIVO | ASA | CHERIFE | FUÇAR | OLVINTE |
|---------|-----|---------|-------|---------|
| ÉLICE | ÓTICO | CALORIA | RENOVAR | TORRADA |
| FÍGADO | CABEÇÁRIO | AGULHA | LINGUA | SÍTIO |
| MÍNGUA | PATO | BEBERAJEM | POMADA | GAVIOTA |
| VENTRE | CHEFE | ABDICAÇÃO | RESCINDIR | SARÇA |
| REVIZTA | DESABAFO | HINCHAR | POEMA | MENTE |
| VÍDEO | BOLÇA | RUPTURA | DERETER | CARACOL |
| DOÇURA | ACENDER | ONZE | TAMANCO | ERIJIR |

1) ..............................................

2) ..............................................

3) ..............................................

4) ..............................................

5) ..............................................

6) ..............................................

7) ..............................................

8) ..............................................

9) ..............................................

10) ..............................................

11) ..............................................

12) ..............................................

# 59

**Cálculo**

Complete as seguintes séries numéricas:

| 49 | | 43 | | | 34 | 31 | | 25 | |
|----|----|----|----|----|----|----|----|----|----|

| 83 | | 73 | 68 | | | 53 | | | 38 |
|----|----|----|----|----|----|----|----|----|----|

| 28 | 36 | | | 60 | | | 84 | | 100 |
|----|----|----|----|----|----|----|----|----|----|

| 101 | | | | 77 | | 65 | | 53 | 47 |
|----|----|----|----|----|----|----|----|----|----|

| | 67 | | 91 | | 115 | 127 | | | 163 |
|----|----|----|----|----|----|----|----|----|----|

| 98 | | 84 | 77 | | | | 49 | | 35 |
|----|----|----|----|----|----|----|----|----|----|

# 60

## Atenção

Leia uma letra sim, outra não, começando da esquerda para a direita. Vá escrevendo-as abaixo do quadro. Ao final, você obterá a descrição de uma pessoa.

| L | R | U | P | C | P | I | J | A |
|---|---|---|---|---|---|---|---|---|
| K | E | P | C | O | A | Q | R | D |
| I | F | O | D | C | P | A | C | M |
| W | A | R | S | L | V | Y | I | T |
| V | Z | E | G | E | I | M | U | V |
| Ç | I | M | T | L | O | Q | R | B |
| V | I | X | A | O | H | N | A | X |
| M | J | A | M | I | R | S | W | D |
| Q | E | Ç | D | R | O | P | Z | Y |
| E | K | A | S | N | A | O | U | S |

...........................................................................................

...........................................................................................

...........................................................................................

...........................................................................................

...........................................................................................

...........................................................................................

# 61

## Linguagem

Escreva 20 palavras que comecem por **CA** e terminem em **O**:

Caso...

.................................................................................................................

.................................................................................................................

.................................................................................................................

.................................................................................................................

.................................................................................................................

Escreva 20 palavras que comecem por **MI** e terminem em **O**:

Mito...

.................................................................................................................

.................................................................................................................

.................................................................................................................

.................................................................................................................

.................................................................................................................

## 62

### Orientação

Desenhe ao centro uma flecha para a esquerda e para a direita ao mesmo tempo. No lado esquerdo, escreva o número 5006 e em cima do segundo zero desenhe um sol. Na parte direita do papel desenhe três meias-luas e, debaixo da primeira, o número 10.

Desenhe no lado direito dois triângulos e, dentro deles, uma cara sorridente. No centro do papel, desenhe uma cara triste. Debaixo, dois trevos. Na parte esquerda escreva o número 10320. Em cima do primeiro zero desenhe um quadrado e, debaixo do segundo, escreva o número 8.

# 63

**Atenção**

Assinale abaixo todas as letras que estão DUAS posições depois do N:

Exemplo: SERNO**L**IETDMGNF**T**ERMCNI**U**DLCMXNU**Y**RTNI**O**MNA**Y**

ASERNHTREDKGJGNYUITORLNPOILSFXREDGRTYOLPOIASÇLKJHG

DFERTSJBGHTMJGCDMLFOLRMASETFNIOLPÇERTJFMNASIEOLN

JHGSNERTCNFGROLPÇASNZCSDERTNJUTILOPÇNJHTERSFDCN

FHRGTANESANJSUIKLNOLPIETRSNJUHNJHYTNRESNRDFNIOLKJN

BVCXZASRETOLPÇKJHGTRFDSEAMBVCGMKJLUMCXSEDMLOK

MJUHYTMBVFRTENJUHYNBVRENSEAJUINOLIPÇNVFREDSTGASZXI

KOLPÇKMJUYMTGMFREMNJUIKMNHYGTERNMBVFRDEOLIKPX

SAZEDRKJNHASNCDOLNIIPLESNVCDESOPLYTRELKÇMNBPÇ

LOIKJÇGRFEDÇPOIUYÇERSAÇSDERNBVFREDSXZAOPNHGRENA

SENEANOPLÇBVCERTRPÇOLIUJMNBVFEDXCBNHYGOLMNBVC

VBNMJHGNBVCSAEROPÇLIUYTÇPOERNHTGFDESNHBJUIOLNIAS

# 64

## Linguagem

Escreva 20 palavras que tenham **5 letras** e comecem por **M**:

Mosca...

.........................................................................................................

.........................................................................................................

.........................................................................................................

.........................................................................................................

Escreva 20 palavras que tenham **5 letras** e comecem por **P**:

Pavão...

.........................................................................................................

.........................................................................................................

.........................................................................................................

.........................................................................................................

.........................................................................................................

# 65

## Raciocínio

Assinale a palavra que destoa das demais e explique a razão:

AZUL – BRANCO – VERMELHO – PATO – AMARELO

..................................................................................................................

CARMEN – ALBERTO – VANESSA – LÍDIA – MANUELA

..................................................................................................................

PASTA – PAPEL – BLOCO – SOL – FICHÁRIO

..................................................................................................................

CADEIRA – JARRO – MESA – SOFÁ – ESTANTE

..................................................................................................................

JÚPITER – SATURNO – ÁRIES – PLUTÃO – VÊNUS

..................................................................................................................

FEIJÃO – ÁGUA – ARROZ – PÃO – BATATA

..................................................................................................................

PEIXES – VIRGEM – TERRA – LIBRA – CÂNCER

..................................................................................................................

SERRA – PORCA – BROCA – CHAVE DE FENDA – MARTELO

..................................................................................................................

# 66

## Memória

Escreva a palavra adequada a cada definição.

1) Construção fixa, feita com materiais resistentes, para habitação humana ou para outros usos:

.............................................................................................................

2) Conjunto de aparelhos e fios condutores com os quais se transmitem a distância a palavra e todo tipo de sons pela ação da eletricidade:

.............................................................................................................

3) Planta perene, de tronco lenhoso e elevado, que se ramifica a certa altura do solo:

.............................................................................................................

4) Pena que se impõe a quem comete um delito ou falta:

.............................................................................................................

5) Massa de farinha e manteiga, assada no forno, normalmente recheada com creme ou doce, e, às vezes, carne ou fruta:

.............................................................................................................

6) Aparelho eletrônico que produz sinais luminosos para regular o tráfego:

.............................................................................................................

7) Placa de plástico branco usada para escrever ou desenhar com um tipo especial de marcadores cuja tinta se apaga com facilidade:

.............................................................................................................

8) Língua espanhola, especialmente quando se quer destacar uma diferenciação entre os idiomas também falados na Espanha:

.............................................................................................................

9) Antipatia ou aversão a algo ou alguém cujo mal se deseja:

.............................................................................................................

10) Barra de grafite encerrada em um cilindro ou prisma de madeira, que serve para escrever ou desenhar:

.............................................................................................................

# 67

**Cálculo**

Execute as seguintes subtrações e complete as casinhas da tabela. Tente fazê-las o máximo que puder mentalmente e, para as restantes, use papel e lápis.

|       | 35 | 97 | 46 | 50 | 105 | 137 | 88 |
|-------|----|----|----|----|-----|-----|----|
| −13   |    |    |    |    |     |     |    |
| −20   |    |    |    |    |     |     |    |
| −19   |    |    |    |    |     |     |    |
| −31   |    |    |    |    |     |     |    |
| −25   |    |    |    |    |     |     |    |
| −16   |    |    |    |    |     |     |    |
| −24   |    |    |    |    |     |     |    |
| −14   |    |    |    |    |     |     |    |
| −9    |    |    |    |    |     |     |    |
| −23   |    |    |    |    |     |     |    |
| −28   |    |    |    |    |     |     |    |
| −11   |    |    |    |    |     |     |    |

# 68

**Atenção**

Encontre os números do 190 ao 315 que faltam. Quando os encontrar, escreva-os nos quadrados em branco. É mais fácil começar buscando pelos números por ordem: primeiro procure o 190, depois o 191 etc., até encontrar os que faltam.

| 197 | 261 | 211 | 288 | 230 | 282 | 201 | 240 | 209 |
|-----|-----|-----|-----|-----|-----|-----|-----|-----|
| 271 | 222 | 208 | 241 | 196 | 270 | 296 | 291 | 193 |
| 192 | 235 | 281 | 260 | 263 | 218 | 234 | 279 | 215 |
| 214 | 268 | 259 | 204 | 292 | 239 | 252 | 262 | 275 |
| 251 | 200 | 295 | 274 | 304 | 258 | 301 | 199 | 229 |
| 210 | 287 | 217 | 226 | 242 | 207 | 250 | 289 | 308 |
| 300 | 264 | 273 | 278 | 311 | 232 | 267 | 313 | 213 |
| 231 | 243 | 307 | 233 | 191 | 286 | 272 | 224 | 249 |
| 223 | 198 | 257 | 293 | 220 | 310 | 315 | 244 | 283 |
| 294 | 284 | 298 | 236 | 290 | 253 | 202 | 305 | 194 |
| 203 | 306 | 206 | 227 | 302 | 245 | 265 | 309 | 256 |
| 266 | 238 | 247 | 299 | 212 | 297 | 276 | 221 | 237 |
| 190 | 254 | 216 | 225 | 277 | 195 | 285 | 246 | 314 |
|     |     |     |     |     |     |     |     |     |

# 69

## Linguagem

Ordene alfabeticamente as seguintes palavras:

Perfeito, fala, barra, mancha, café, abismo, milagre, baque, fissura, cofre, medida, firme, abono, prancha, vinheta, gênero, cavanhaque, baixa, habitual, mania.

1) ..............................................

2) ..............................................

3) ..............................................

4) ..............................................

5) ..............................................

6) ..............................................

7) ..............................................

8) ..............................................

9) ..............................................

10) ..............................................

11) ..............................................

12) ..............................................

13) ..............................................

14) ..............................................

15) ..............................................

16) ..............................................

17) ..............................................

18) ..............................................

19) ..............................................

20) ..............................................

# 70

**Raciocínio**

Leia a seguinte fábula de Esopo e, em seguida, explique qual é a moral da história:

## AS RÃS PEDINDO UM REI

As rãs, cansadas da própria desordem e anarquia em que viviam, encaminharam uma delegação a Zeus para que lhes mandasse um rei.

Zeus, atendendo ao pedido, enviou um grosso tronco à lagoa das rãs.

Assustadas com o barulho que o tronco fez ao cair, elas trataram de se esconder. Passado um tempo, vendo que o tronco não se mexia mais, foram subindo à superfície e, constatando a sua tranquilidade, começaram a sentir tão grande desprezo para com ele, que lhe saltaram às "costas", e ficaram brincando e zombando sem parar do novo rei.

E assim, sentindo-se humilhadas por terem como líder um mero tronco de árvore, voltaram a procurar Zeus, pedindo-lhe para trocá-lo, pois o rei que ele lhes enviara era muito quieto.

Indignado, Zeus substituiu-o por uma lépida cobra d'água que, uma a uma, capturou as rãs e devorou-as sem piedade.

**Moral da história:**

..............................................................................................................

..............................................................................................................

..............................................................................................................

# 71

## Cálculo

Execute as seguintes operações levando em conta que:

|   | A | B | C | D | E |
|---|---|---|---|---|---|
| ♥ | 2 | 10 | 16 | 25 | 50 |
| ✽ | 8 | 11 | 3 | 30 | 45 |
| ▲ | 7 | 12 | 9 | 34 | 18 |
| ☺ | 5 | 15 | 17 | 42 | 6 |
| □ | 4 | 20 | 22 | 47 | 33 |

Exemplo: B✽ + D☺ = 11 + 42 = 53

D✽ + E▲ =                    E✽ + C▲ =

B☺ + C□ =                    B▲ + C☺ =

A♥ + E□ =                    D✽ + B✽ =

C♥ + B□ =                    E□ + C♥ =

D▲ + D☺ =                    A☺ + D☺ =

A□ + C☺ =                    B✽ + D□ =

# 72

## Linguagem

Escreva 20 nomes de cantores/grupos musicais:

Shakira...

.............................................................................................................

.............................................................................................................

.............................................................................................................

.............................................................................................................

.............................................................................................................

Escreva o nome de 20 atores/atrizes:

Jack Lemmon...

.............................................................................................................

.............................................................................................................

.............................................................................................................

.............................................................................................................

.............................................................................................................

# 73

**Orientação**

Escreva os trajetos representados na seguinte quadrícula, desde o ponto de partida (☺) até o ponto final (☆).

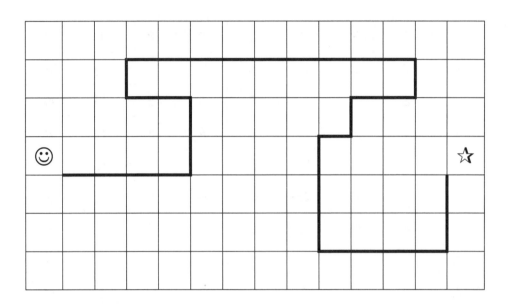

a) ..............................

b) 2 quadrados para cima

c) ..............................

d) ..............................

e) ..............................

f) I quadrado para baixo

g) ..............................

h) ..............................

i) I quadrado para a esquerda

j) ..............................

k) 4 quadrados para a direita

l) ..............................

# 74

## Atenção

Leia uma letra sim, outra não, começando da esquerda para a direita. Vá escrevendo-as abaixo do quadro. Ao final, você obterá a descrição de uma pessoa.

| P | S | E | Y | D | R | R | L | O |
|---|---|---|---|---|---|---|---|---|
| A | T | Ç | E | N | M | J | Q | W |
| U | E | A | T | R | S | E | U | N |
| Y | T | R | A | B | A | S | N | R |
| O | H | S | M | E | J | A | U | D |
| Y | V | K | O | G | G | F | A | P |
| D | A | O | L | E | N | T | I | E |
| Q | M | P | U | R | M | S | C | V |
| A | O | O | B | E | B | U | F | M |
| Z | G | H | A | I | T | X | O | A |

..................................................................................................

..................................................................................................

..................................................................................................

..................................................................................................

..................................................................................................

# 75

**Raciocínio**

Preencha as casas vazias com as figuras que faltam. Você não pode repetir nenhuma figura em uma mesma linha ou coluna.

| | | | |
|---|---|---|---|
| ⚑ | | ☼ | |
| | ⚑ | | ☼ |
| | ◆ | ○ | |
| ◆ | | | ○ |

| | | | |
|---|---|---|---|
| | ✡ | | ⌘ |
| ☺ | | ♎ | |
| ⌘ | | | ☺ |
| ✡ | | | ♎ |

# 76

**Linguagem**

Partindo da palavra MOTOCICLETA, forme 20 palavras com significado, utilizando as letras que precisar, mas sem repetir nenhuma:

MOTOCICLETA

Ciclo...

........................................................................................................................

........................................................................................................................

........................................................................................................................

........................................................................................................................

Partindo da palavra REPORTAGEM, forme 20 palavras com significado, utilizando as letras que precisar, mas sem repetir nenhuma:

REPORTAGEM

Porta...

........................................................................................................................

........................................................................................................................

........................................................................................................................

........................................................................................................................

# 77

## Cálculo

Classifique os seguintes números em pares ou ímpares:

297, 302, 344, 260, 347, 407, 444, 306, 309, 431, 268, 269, 340, 451, 428, 500, 301, 208, 550, 533, 493, 3, 57, 223, 572, 19, 65, 544, 293, 211.

**Pares:**

...................................................................................................................

...................................................................................................................

**Ímpares:**

...................................................................................................................

...................................................................................................................

Ordene os números pares do maior para o menor:

...................................................................................................................

...................................................................................................................

Ordene os números ímpares do maior para o menor:

...................................................................................................................

...................................................................................................................

# 78

**Atenção**

Quais são as 2 letras do alfabeto que faltam?

POIYTREWQJLKJHGFDSAMNLCXZZXCINMASDFGHJKLILJPOIYTREW
QZXSEDRTQWPJLOYTRGNMCHFJXLSOYQWASRETDPJLIPYTRLJMN
VFREDSCXHJYIKPJOLYTRQWSAZXCDERFVNHGOPJLIYTRKJMNHGR
FEDSWQASZXCGTFRYIOPJLKMJNHGFREDWSQACXZOPJLKIJPJLREMNIL

Faltam as letras:

.................................................................................................................

XACSVDBFNGHJKLJQPWOEIRUTYCVDSNHGTREUJIKOLIPJKJHNBV
CXDERFSAWQTYHGBNVCDWIUJOLPJKJNBVIEDSAXCQWUYERTGFB
VCSDIKUJPJOLYTREGBVCZNJUHYERDFSQWAIOLPJKYTREFGBVCXN
JUYHIKNLOTREPOLIJWQREPJOTREQWKJHGYTREUINBVRFOPJLKIUJYTQW

Faltam as letras:

.................................................................................................................

NZBXVCAJSLDJGHPEORITUYJPLOIJUHYTGREDWSQAWZXCVBNASWQP
JLOIUJHGTREDWQSAZXNBVEWRTWQIOLJNLUYTREGHDEWQSCXASO
PJNBVCXSWAZIUQWPOJIUTQWSZXCRTPJAQWERISDXCTYURIZNBCVE
RITOYLJPIQERSDRTPOEIRUTYASMERQWASZXTROPJLUHYTGBNVI

Faltam as letras:

.................................................................................................................

94

# 79

## Cálculo

Execute as seguintes subtrações e complete as casinhas da tabela. Tente fazê-las o máximo que puder mentalmente e, para as restantes, use papel e lápis.

|      | 101 | 89 | 73 | 118 | 209 | 284 | 192 |
|------|-----|----|----|-----|-----|-----|-----|
| −32  |     |    |    |     |     |     |     |
| −19  |     |    |    |     |     |     |     |
| −60  |     |    |    |     |     |     |     |
| −44  |     |    |    |     |     |     |     |
| −52  |     |    |    |     |     |     |     |
| −29  |     |    |    |     |     |     |     |
| −55  |     |    |    |     |     |     |     |
| −70  |     |    |    |     |     |     |     |
| −66  |     |    |    |     |     |     |     |
| −13  |     |    |    |     |     |     |     |
| −23  |     |    |    |     |     |     |     |
| −48  |     |    |    |     |     |     |     |

# 80

## Praxia

Copie as seguintes figuras:

# 81

**Linguagem**

Escreva 20 palavras que comecem por **RE** e terminem em **O**:

Reto...

........................................................................................................................

........................................................................................................................

........................................................................................................................

........................................................................................................................

........................................................................................................................

Escreva 20 palavras que comecem por **FA** e terminem em **A**:

Farinha...

........................................................................................................................

........................................................................................................................

........................................................................................................................

........................................................................................................................

........................................................................................................................

# 82

**Atenção**

Encontre os números do 351 ao 476 que faltam. Quando os encontrar, escreva-os nos quadrados em branco. É mais fácil começar buscando pelos números por ordem: primeiro procure o 351, depois o 352 etc., até encontrar os que faltam.

| | | | | | | | | |
|---|---|---|---|---|---|---|---|---|
| 363 | 353 | 416 | 427 | 370 | 386 | 405 | 388 | 361 |
| 398 | 385 | 434 | 381 | 423 | 411 | 374 | 415 | 394 |
| 371 | 438 | 403 | 446 | 454 | 352 | 391 | 402 | 378 |
| 369 | 359 | 414 | 362 | 397 | 445 | 464 | 382 | 430 |
| 439 | 410 | 460 | 420 | 451 | 429 | 366 | 437 | 408 |
| 428 | 384 | 379 | 469 | 373 | 459 | 426 | 421 | 440 |
| 351 | 462 | 444 | 432 | 356 | 468 | 441 | 453 | 355 |
| 368 | 404 | 389 | 456 | 474 | 399 | 463 | 387 | 401 |
| 392 | 450 | 472 | 424 | 375 | 448 | 433 | 457 | 365 |
| 358 | 465 | 364 | 470 | 442 | 475 | 473 | 380 | 417 |
| 407 | 425 | 383 | 419 | 395 | 412 | 354 | 390 | 466 |
| 413 | 435 | 455 | 452 | 406 | 461 | 471 | 443 | 376 |
| 377 | 396 | 357 | 447 | 400 | 418 | 367 | 431 | 436 |
| | | | | | | | | |

# 83

## Cálculo

Execute as seguintes operações levando em conta que:

|   | A | B | C | D | E |
|---|---|---|---|---|---|
| ♥ | 7 | 71 | 107 | 309 | 408 |
| ✳ | 10 | 69 | 88 | 22 | 75 |
| ▲ | 45 | 33 | 28 | 30 | 82 |
| ☺ | 51 | 49 | 15 | 51 | 3 |
| □ | 6 | 59 | 38 | 314 | 190 |

Exemplo: A♥ + C☺ = 7 + 15 = 22

B☺ + E□ =                      C□ + E♥ =

B□ + D▲ =                      D☺ + B☺ =

C✳ + C☺ =                      C▲ + A□ =

D✳ + E▲ =                      E□ + D✳ =

A☺ + D♥ =                      C✳ + A▲ =

B▲+ D☺ =                      E♥ + C♥ =

99

# 84

## Memória

Você encontrará abaixo várias palavras; leia-as uma por uma e, sem olhar, sole-tre-as (em ordem, diga as letras que compõem a palavra).

**Exemplo:** FERRO

As letras que compõem essa palavra são: F-E-R-R-O.

1) CAMISA

2) CARTUCHO

3) ROLAMENTO

4) TRABALHO

5) TORMENTA

6) CALABOUÇO

7) ERVILHA

8) CAPELA

9) PAVIMENTO

10) TORNADO

11) REPROCHE

12) CACETETE

13) TRIDENTE

14) ANDORINHA

15) ANGUSTIOSO

16) RINOCERONTE

# 85

**Atenção**

Assinale abaixo todos os números que estão DUAS posições antes do 9:

Exemplo: 76549342769087695412954329654734250876945312786534**89**

5647983243125679876543212456987065344912546795431256730874537128

7654032167325463701265472381074612843659120453179245129451239 65

7093245127685904351761208653871209654127238794562912587905461 27

3408469241560934516538790769430654531876508745612206574230765412

306453128724091548794239059379835806539371285937450239435679 3465

7684786345965323962379543237794222793268435612358036312870546089

4143516783235091349784466264967421521954356987628951233735653449

8643340214562839654879258634480964375167325669134676806523578 07

521356746753245671121765487694320093452576387212341294537565329

101

# 86

**Raciocínio**

Leia a seguinte fábula de Esopo e, em seguida, explique qual é a moral da história:

## O EMBUSTEIRO

Um homem doente e de parcos recursos prometeu aos deuses sacrificar cem bois se isso o salvasse da morte. Para testar o enfermo, os deuses o ajudaram a recobrar a saúde rapidamente, e o homem deixou o leito. Entretanto, como não possuía os cem bois que havia prometido, eles os esculpiu em cera e levou-os para sacrificar em um altar, dizendo:

– Eis aqui, ó deuses, minha oferenda!

Por sua vez, os deuses resolveram dar o troco, e enviaram-lhe um sonho que instava o homem a se dirigir à orla do mar, onde imediatamente o valor de mil moedas de prata seria seu.

Mal podendo conter sua alegria, o homem correu para a praia, mas ali caiu nas mãos de piratas, que o venderam por mil moedas de prata: seu valor.

**Moral da história:**

...................................................................................................................

...................................................................................................................

...................................................................................................................

...................................................................................................................

# 87

## Orientação

Desenhe, do lado esquerdo, um triângulo e divida-o em dois. No centro do papel, escreva o número 1007, e embaixo do segundo zero desenhe uma cruz. Do lado direito, desenhe duas caras sorridentes. Em cima da primeira cara escreva o número 50 e, embaixo da segunda, desenhe uma árvore e um quadrado.

Desenhe, no centro, um retângulo grande. Divida-o em quatro partes, para formar quatro fileiras. Na primeira fileira, desenhe uma flor, um asterisco e um sol. Na terceira fileira, desenhe um coração, um triângulo e um círculo. Nas duas fileiras restantes, escreva o número 84310. Do lado esquerdo do papel, desenhe um triângulo e, do lado direito, um pentágono.

# 88

## Linguagem

Ordene as seguintes letras para formar um nome de animal:

CORPO: .....................................

BRACA: ....................................

ALIBEA: ...................................

RONTAL: .................................

ONIRACÁ: ..............................

ORUTO: ...................................

UREMÊL: ..................................

ABUTRÃO: ..............................

AFRIGA: ..................................

GERIT: ....................................

RADANINHO: ...........................

GAUBEL: .................................

QUERPITIO: ..............................

ARARIA: ..................................

# 89

## Cálculo

Complete as seguintes séries numéricas:

| 150 | | | 123 | | 105 | | | | 69 |
|---|---|---|---|---|---|---|---|---|---|

| | 98 | | | 143 | | | 188 | | 218 |
|---|---|---|---|---|---|---|---|---|---|

| 207 | | | | 191 | | | 179 | | 171 |
|---|---|---|---|---|---|---|---|---|---|

| | 308 | | 294 | | 280 | | 266 | | |
|---|---|---|---|---|---|---|---|---|---|

| 352 | | | 391 | | | 430 | | | 469 |
|---|---|---|---|---|---|---|---|---|---|

| | 589 | | 565 | | 541 | | 517 | | |
|---|---|---|---|---|---|---|---|---|---|

# 90

## Linguagem

Encontre as 12 palavras que contêm erros ortográficos e, em seguida, escreva-as corretamente:

| | | | | |
|---|---|---|---|---|
| BENÉVULO | BAICHO | PALIETA | PESCOSSO | HÓSCULO |
| BISPO | IMPRÓPRIO | CARRO | FORMOL | RUIM |
| FENO | PRENSA | ESTÉREO | VÉRTICE | HUMILDE |
| PRIVAR | PILANTRA | BIGORNA | DUO | SETA |
| XALÉ | ABISTINÊNCIA | LAMASSAL | TIJELA | PAGEM |
| RAIO | ÁLDIO | CONVITE | DECIBEL | ÓLEO |
| ÊXITO | AFUJENTAR | SÍLABA | IMPUNE | XILOFONE |
| GEMA | FRATERNO | VENHA | RAPIDEZ | PRETÉRITO |

1) ................................................

2) ................................................

3) ................................................

4) ................................................

5) ................................................

6) ................................................

7) ................................................

8) ................................................

9) ................................................

10) ................................................

11) ................................................

12) ................................................

# 91

**Atenção**

Encontre 20 nomes de animais entre todas estas letras. As palavras encontram-se na horizontal e da esquerda para a direita.

Exemplo: APTURTDLGFJBERÇNVBERA**PATO**MNSUMALEROTPL

PURTLIESMNVDFATSMELROITERONMAPERACOALANTRISAGERLIN

CESERPENTEIPACIRENTACISOPENSALTIGEDJCSXÇLHITMÇPERCB

VEORPALSPETERPINEREVASINOCIRIFOCABITUBACOPIRELMNDAHI

PLMNTRESEPILOCURASERINOVASOPIERDURSOLABAGATONESINO

LAZUVERDAEPLIERNISUHIEDOÇESARECEJUVILANEMOSILELMOR

SAWANOVELHAHPASIECURTINFIZASÇOIERKSMBURROLÇEZASKER

TINUGOASAONÇAICHTRDLPOEUTDGRBDAPEORLMCNDTAPEO

LIRJDMNCIUETAÇSLOPRMVNBCEIROAÇSPOEXCANÇPOETDNRJ

GYTFMASBEBALEIAGALOPERINASWTRUERCGDLKROTRETXCASL

DKJERDTIOPVMNCOELHOJOEIILSÇAPOETCARACOLSRACZOXMJF

TRFOLEBREBSFETRWDLKHFWGERTFLAMINGOSDANOVNCBDGE

VACATOPELEJIHRTIPACARYFALAESRETCVCBNGIROTLGHRPARIA

RANHALKDTERDMCNVBFGETZAÇSLDETILEOSIPOARTIBCSAERIY

# 92

## Memória

Leia o texto abaixo durante aproximadamente 2 minutos. Em seguida, na página seguinte, responda às perguntas relacionadas ao texto, sem consultá-lo:

Maria se levanta todo dia às 7h da manhã. Vai para a academia e lá fica das 7:30 às 8:30h, e às 9h começa sua jornada de trabalho. Ela dá aulas em uma escola para crianças de 10 anos. As matérias que ela mais gosta de lecionar são Português e Matemática; e as que não gosta tanto são Ciências e História.

Uma vez por mês, quando o tempo permite, ela realiza suas aulas no pátio da escola. Maria acredita que desfrutar do ar fresco enquanto se aprende é uma boa combinação.

Na sala de aula, há três crianças que repetiram de ano: Adriano, Cláudia e Sérgio; porém, eles se entrosaram muito bem com o restante dos colegas.

Nas sextas-feiras à tarde, costumam lanchar em grupo. Cada criança fica encarregada de trazer algo para comer e beber e compartilham com o restante. Todos se divertem muito.

Responda às seguintes perguntas:

1) Como se chama a protagonista dessa história?

.................................................................................................

2) Que horas ela se levanta todos os dias?

.................................................................................................

3) O que faz das 7:30 às 8:30h?

.................................................................................................

4) Onde trabalha?

.................................................................................................

5) A que horas começa a trabalhar?

.................................................................................................

6) De quais matérias ela mais gosta?

.................................................................................................

7) De quais matérias ela menos gosta?

.................................................................................................

8) O que fazem uma vez por mês?

.................................................................................................

9) Como se chamam as três crianças que repetiram de ano?

.................................................................................................

10) O que costumam fazer nas sextas-feiras à tarde?

.................................................................................................

# 93

**Orientação**

Escreva os trajetos representados na seguinte quadrícula, desde o ponto de partida (☺) até o ponto final (☆).

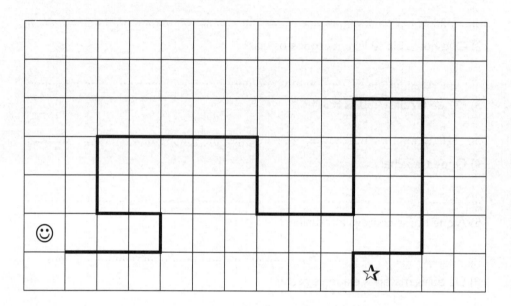

a) ..................................................

b) ..................................................

c) ..................................................

d) 2 quadrados para cima

e) ..................................................

f) ..................................................

g) 3 quadrados para a direita

h) ..................................................

i) ..................................................

j) ..................................................

k) 2 quadrados para a esquerda

l) ..................................................

# 94

**Linguagem**

Ordene alfabeticamente as seguintes palavras:

Sombra, destro, arroz, passeio, balsa, rancho, despiste, árbitro, saldo, bambu, relógio, aranha, bala, rã, signo, parte, destreza, rango, salão, destino.

1) .............................................

2) .............................................

3) .............................................

4) .............................................

5) .............................................

6) .............................................

7) .............................................

8) .............................................

9) .............................................

10) ...........................................

11) .............................................

12) .............................................

13) .............................................

14) .............................................

15) .............................................

16) .............................................

17) .............................................

18) .............................................

19) .............................................

20) .............................................

# 95

## Atenção

Quais são as 2 letras do alfabeto que faltam?

MZBXVCTALSKDHFPQOWIEURYTPOLRKIUYHFTREDWSQAXZCVBMS
WQAEDXZRFCTYUIOPYLKHMBVFRDWSQHAXZCTRYHFDUIOPBLKHM
BYTREQWASZXUYTRIOPWLKHTREDWQASXZDCTRYUIOPTLEWQAS
FDTCXZUYIOPRLMBYTVCRHFDSLKUSAQWEDOIPRYTREVCXSAXWESNP

Faltam as letras:

.........................................................................................................

OTYUIOPLKJHGFDSAZXCVBNMWTDSAZUYTFDXCZIOPLKMJNMNOIUYV
CXAZSTWDFCGTYHBVCIUOPLKMJUYHTIGWFBVNMCDSAZWIUHYTYFD
GOIPLMNHYTGOFSAZXCSUIYTIFGBVCDOIPLKJUYTWGBVFGDSAIUY
THJQPOIUTYFLKJUHMNBGTIDFCSXZAUIJHGFDOPLMJIUYTHGFOTVCD

Faltam as letras:

.........................................................................................................

MNBVCASDFGHJKLMPOIUYREQQERASDFGYRUOILPYMJHGNBVDSXCV
FIGHNBIOLPYKJUYHREQDSFCAVBGHNULIKOLPYLMKJUYRFDESCVHNJOI
PYLOIKJASUYOEQPOLMOJNBGFZIKOLPYJHUYMNBVESRQASHUJNPYOL
KIUYHJNBIMGFDQAOILCBNMPIUASGFDKERQIPYLMJUHGBVFDCPRI

Faltam as letras:

.........................................................................................................

# 96

## Memória

Você encontrará abaixo um conjunto de números; leia cada conjunto separadamente e, sem olhar, repita-os na ordem inversa.

**Exemplo:** 97-51-65
O inverso é: 65-51-97

A) 31-19-63-44

B) 29-32-87-62

C) 14-31-47-61

D) 22-14-27-55

E) 87-93-44-51

F) 23-38-11-45

G) 19-21-13-88

H) 92-30-45-63

I) 30-44-67-13-21

J) 80-46-51-83-88

K) 13-21-44-63-55

L) 69-87-99-15-19

M) 23-18-46-51-86

N) 57-45-32-19-25

O) 66-42-89-95-10

P) 90-63-49-69-70

# 97

## Cálculo

Classifique os seguintes números em pares e ímpares:

330, 9, 27, 501, 632, 8, 780, 303, 297, 700, 1, 193, 69, 809, 920, 840, 729, 552, 28, 999, 652, 431, 976, 802, 181, 513, 658, 309, 916, 88

**Pares:**

......................................................................................................................

......................................................................................................................

**Ímpares:**

......................................................................................................................

......................................................................................................................

Ordene os números pares do maior para o menor:

......................................................................................................................

......................................................................................................................

Ordene os números ímpares do maior para o menor:

......................................................................................................................

......................................................................................................................

# 98

**Raciocínio**

Preencha as casas vazias com as figuras que faltam. Você não pode repetir nenhuma figura em uma mesma linha ou coluna.

# 99

## Atenção

Leia uma letra sim, outra não, começando da esquerda para a direita. Vá escrevendo-as abaixo do quadro. Ao final, você obterá a descrição de uma pessoa.

| S | A | O | R | F | O | I | P | A |
|---|---|---|---|---|---|---|---|---|
| Y | E | L | A | S | L | P | T | U |
| A | T | U | W | S | H | A | Q | O |
| N | C | J | A | R | B | X | E | T |
| L | K | O | A | C | N | U | A | R |
| J | T | Z | O | Q | E | X | T | M |
| E | A | M | S | U | Q | M | Y | G |
| X | A | H | T | Z | O | G | E | O |
| U | R | M | V | C | W | A | Q | N |
| V | A | J | R | F | I | K | O | R |

..................................................................................................

..................................................................................................

..................................................................................................

..................................................................................................

..................................................................................................

# 100

## Cálculo

Execute as seguintes operações levando em conta que:

|   | A | B | C | D | E |
|---|---|---|---|---|---|
| ♥ | 89 | 163 | 44 | 361 | 56 |
| ✱ | 67 | 45 | 28 | 150 | 69 |
| ▲ | 105 | 312 | 505 | 222 | 90 |
| ☺ | 52 | 85 | 470 | 25 | 599 |
| □ | 230 | 408 | 142 | 50 | 39 |

Exemplo: B▲ + D□ = 312 + 50 = 362

C♥ + D☺ =                     B□ + C□ =

A□ + D□ =                     D☺ + B✱ =

C☺ + A☺ =                     E✱ + C▲ =

E♥ + C✱ =                     D▲ + A♥ =

B☺ + E▲ =                     B♥ + E□ =

A▲ + D✱ =                     A✱ + E☺ =

# 101

## Atenção

Encontre 20 nomes de países europeus entre todas estas letras. As palavras encontram-se na horizontal e da esquerda para a direita.

Exemplo: SEPINO**DINAMARCA**TEROVACIOPLSERFASICAPIELAR

PIERNISUECIAFUEGICADUELPIJUTIRNASIPIGUIRE

SALOCAMISOTOTINOMERADULIQUERABHUNGRIA

IPOMAZULIVASOMINAFESPANHAROPUBIVUFRANÇA

UTREGUESASIMOILOPUERVUBERXULITROMENIA

OGUESAJUTREXUVONGWBDRTESAKLOPÇITREXDE

LUPOIOCUERNITURDOHIPRMISIEHOLANDAGUESA

DUENIXILAGRECIAORMOLASUPERDOBUREZASAVE

DABITOLINOPERCUGUESSINAMITRUGUDRESAZES

AZURTENANDIMERLOPUDASINTONMISARTOIVAB

UKTREBOLUJERDITALIASIOMECODIGREIPIOLUYT

REGILOTERONANDORRAZUDIESPITRELITUANIAEC

ORAITRUGFRLÇOONORUEGAALOPRESTUNEDITOP

IBELGICARLIDASNYOPEUPORTUGALCERXUNUTUR

QUIAOLESTONIARVASTIESYFLSUIÇAMPHOCTREKJ

YTPERSANTINPOLONIADERAZULTEMDTUCRANIA

LETONIAASINOVEDSAJMONIROACXSISTEMIANHGT

RASPLVDETILAHGUTRLOIESIRLANDASERTENADÇO

# 102

**Linguagem**

Partindo da palavra FOGUEIRA, forme 20 palavras com significado, utilizando as letras que precisar, mas sem repetir nenhuma:

FOGUEIRA

Garfo...

..................................................................................................................

..................................................................................................................

..................................................................................................................

..................................................................................................................

Partindo da palavra CAMISETA, forme 20 palavras com significado, utilizando as letras que precisar, mas sem repetir nenhuma:

CAMISETA

Seta...

..................................................................................................................

..................................................................................................................

..................................................................................................................

..................................................................................................................

# 103

**Raciocínio**

Leia a seguinte fábula de Jean de la Fontaine e, em seguida, explique qual é a moral da história:

## O GATO E O RATO

Uma coruja, uma doninha, um gato e um rato viviam em diferentes partes de um tronco seco. Embora fossem inimigos naturais e desconfiassem uns dos outros, nenhum deles nunca deixou seu refúgio.

O proprietário do campo um dia decidiu eliminá-los: ele plantou armadilhas e uma rede na base do tronco. O primeiro a cair foi o gato, que, ao ver-se em perigo, começou a miar estridentemente. Ao escutá-lo, o rato se alegrou, porque assim se livraria de seu inimigo, porém o gato lhe disse: "Se eu morrer, você ficará à mercê da coruja e da doninha, que anseia mais do que eu que você seja o alimento delas, mas, se você me ajudar, como gratidão eu o compensarei protegendo-o".

O rato libertou o gato e os dois fugiram do local. Passado um tempo, o gato se deu conta de que o rato ainda o temia; portanto, lhe disse: "Pensa que eu me esqueci de minha promessa quando você me salvou da armadilha?"

– Não – disse o rato –, mas tampouco me esqueci de seu instinto, nem em que circunstâncias você fez sua promessa.

**Moral da história:**

..............................................................................................................

..............................................................................................................

..............................................................................................................

# 104

**Memória**

Memorize bem essas figuras por aproximadamente 2 minutos. Na página seguinte, você terá de desenhá-las na mesma ordem (sem olhar). Para ficar mais fácil, você pode memorizá-las em grupos pequenos, e não tudo junto. Por exemplo: ⇧⇩/✂☒...

Memorize bem essas figuras por aproximadamente 2 minutos. Na página seguinte, você terá de desenhá-las na mesma ordem (sem olhar). Para ficar mais fácil, você pode memorizá-las em grupos pequenos, e não tudo junto. Por exemplo: ◊☾/☾▲...

Sem olhar, desenhe corretamente os sinais da página anterior:

Sem olhar, desenhe corretamente os sinais da página anterior:

# 105

**Praxia**

Desenhe as seguintes figuras em sua casinha correspondente:

Desenhe um triângulo $\triangle$ na casinha A-3, na B-5 e na E-2.

Desenhe um quadrado $\square$ na casinha C-5, na B-1 e na casinha F-1.

Desenhe uma estrela ☆ na casinha B-2, na F-5 e na casinha D-3.

Desenhe um círculo O na casinha C-1, na F-3 e na casinha E-4.

|   | A | B | C | D | E | F |
|---|---|---|---|---|---|---|
| 1 |   |   |   |   |   |   |
| 2 |   |   |   |   |   |   |
| 3 |   |   |   |   |   |   |
| 4 |   |   |   |   |   |   |
| 5 |   |   |   |   |   |   |

# 106

## Cálculo

Execute as seguintes multiplicações e complete as casinhas da tabela. Tente fazê-las o máximo que puder mentalmente e, para as restantes, use papel e lápis.

|  | 2 | 5 | 9 | 3 | 7 | 8 | 6 |
|---|---|---|---|---|---|---|---|
| x3 |  |  |  |  |  |  |  |
| x1 |  |  |  |  |  |  |  |
| x4 |  |  |  |  |  |  |  |
| x9 |  |  |  |  |  |  |  |
| x2 |  |  |  |  |  |  |  |
| x5 |  |  |  |  |  |  |  |
| x11 |  |  |  |  |  |  |  |
| x7 |  |  |  |  |  |  |  |
| x8 |  |  |  |  |  |  |  |
| x5 |  |  |  |  |  |  |  |
| x6 |  |  |  |  |  |  |  |
| x12 |  |  |  |  |  |  |  |

# 107

## Memória

A seguir, você encontrará uma série de sílabas sem significado; leia-as e, sem olhar, repita-as, porém, na ordem inversa.

**Exemplo:** LI-TE-SON
Na ordem inversa é: SON-TE-LI

1) ZON-TI-SE-MO

2) CAN-RO-LI-TE

3) MUN-TO-RU-SE

4) SOS-MA-LA-GE

5) LO-TU-LI-NI

6) BES-TUS-LI-RO

7) CA-SO-NA-GA

8) ZO-TU-RU-NA

9) SI-MEN-RO-CE-ZO

10) MON-TI-GI-NE-SU

11) BU-TE-NO-RI-NES

12) DO-MOS-TU-LO-CA

13) ZON-POR-CU-TO-LA

14) DES-PU-LI-NE-SA

15) GOR-NO-TU-ME-LO

16) ZUS-RON-CA-LE-TO

# 108

**Atenção**

Encontre os números do 502 ao 636 que faltam. Quando os encontrar, escreva-os nos quadrados em branco. É mais fácil começar buscando pelos números por ordem: primeiro procure o 502, depois o 503 etc., até encontrar os que faltam.

| | | | | | | | | |
|---|---|---|---|---|---|---|---|---|
| 545 | 610 | 512 | 591 | 551 | 574 | 595 | 523 | 544 |
| 503 | 556 | 566 | 583 | 603 | 505 | 608 | 561 | 511 |
| 525 | 517 | 613 | 522 | 519 | 614 | 532 | 535 | 567 |
| 588 | 536 | 599 | 560 | 555 | 587 | 541 | 584 | 516 |
| 513 | 578 | 531 | 624 | 510 | 550 | 581 | 590 | 602 |
| 573 | 540 | 565 | 594 | 568 | 606 | 598 | 502 | 625 |
| 543 | 552 | 524 | 616 | 631 | 530 | 562 | 546 | 527 |
| 504 | 627 | 547 | 569 | 534 | 597 | 611 | 553 | 559 |
| 596 | 585 | 509 | 601 | 626 | 520 | 628 | 589 | 592 |
| 604 | 533 | 577 | 607 | 564 | 623 | 571 | 575 | 580 |
| 557 | 539 | 612 | 518 | 630 | 542 | 632 | 617 | 508 |
| 514 | 570 | 526 | 619 | 582 | 615 | 528 | 635 | 537 |
| 572 | 622 | 554 | 600 | 506 | 621 | 549 | 605 | 620 |
| 586 | 507 | 636 | 558 | 576 | 538 | 634 | 521 | 629 |
| | | | | | | | | |

# 109

**Linguagem**

Escreva 20 palavras que tenham **5 letras** e comecem por **L**:

Lábio...

.......................................................................................

.......................................................................................

.......................................................................................

.......................................................................................

.......................................................................................

Escreva 20 palavras que tenham **5 letras** e comecem por **S**:

Sabre...

.......................................................................................

.......................................................................................

.......................................................................................

.......................................................................................

.......................................................................................

# 110

**Memória**

Escreva a palavra adequada a cada definição.

1) Aeronave mais pesada que o ar, provida de asas, cuja sustentação e deslocamento são consequências da ação de um ou mais motores:

2) Predição do futuro baseada na posição relativa dos astros e dos signos do zodíaco em um dado momento:

3) Sentimento de afeto, inclinação e entrega a alguém ou algo:

4) Fase que sucede a infância e que transcorre da puberdade até o completo desenvolvimento do organismo:

5) Exercício recreativo submetido a regras no qual se ganha ou se perde:

6) Passagem subterrânea aberta artificialmente para estabelecer uma comunicação:

7) Situação e relação mútua daqueles que não estão em guerra:

8) Sistema de representação da passagem dos dias, agrupados em unidades superiores, como semanas, meses, anos etc.:

9) Ciência que estuda os processos mentais em pessoas e em animais:

10) Faculdade psíquica por meio da qual retemos e recordamos o passado:

# 111

## Cálculo

Classifique os seguintes números em pares ou ímpares:

529, 366, 1.005, 3.871, 208, 6.440, 7, 160, 8.771, 463, 297, 12, 7.008, 299, 2.748, 4.605, 9.320, 28, 1, 199, 616, 14, 8.775, 16, 5.483, 81, 191, 768, 382, 4.

**Pares:**

.................................................................................................................................

.................................................................................................................................

**Ímpares:**

.................................................................................................................................

.................................................................................................................................

Ordene os números pares do maior para o menor:

.................................................................................................................................

.................................................................................................................................

Ordene os números ímpares do maior para o menor:

.................................................................................................................................

.................................................................................................................................

# 112

**Orientação**

Escreva os trajetos representados na seguinte quadrícula, desde o ponto de partida (☺) até o ponto final (☆).

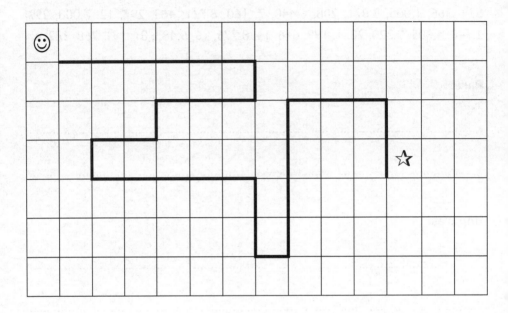

a) ................................................

b) I quadrado para baixo

c) ................................................

d) ................................................

e) ................................................

f) ................................................

g) ................................................

h) ................................................

i) ................................................

j) ................................................

k) 3 quadrados para a direita

l) ................................................

# 113

## Atenção

Leia uma letra sim, outra não, começando da esquerda para a direita. Vá escrevendo-as abaixo do quadro. Ao final, você obterá a descrição de uma pessoa.

| S | U | E | P | R | N | G | A | I | R | O |
|---|---|---|---|---|---|---|---|---|---|---|
| R | T | S | R | I | A | P | B | O | A | J |
| L | I | H | W | A | I | N | Q | U | D | M |
| U | B | N | A | S | N | Ç | C | S | O | Y |
| E | P | T | K | E | C | M | L | U | E | M |
| W | F | Z | I | E | L | J | H | E | O | R |
| E | A | T | P | R | S | E | G | S | M | F |
| U | I | V | L | A | H | K | A | W | S | I |

........................................................................................................

........................................................................................................

........................................................................................................

........................................................................................................

........................................................................................................

# 114

### Raciocínio

Assinale a palavra (ou letra) que destoa das demais e explique a razão:

A – U – S – I – E

..............................................................................................

O – T – S – P – R

..............................................................................................

BRASÍLIA – RIO DE JANEIRO – PARIS – SÃO PAULO – SALVADOR

..............................................................................................

MÃO – CORAÇÃO – PERNA – PÉ – CABEÇA

..............................................................................................

CANTAR – SALTAR – VIAJAR – SUAR – RIR

..............................................................................................

CERVEJA – ÁGUA – VINHO – CACHAÇA – CONHAQUE

..............................................................................................

PINHEIRO – ROSA – MARGARIDA – PETÚNIA – CRISÂNTEMO

..............................................................................................

BONITO – DIVERTIDO – ALEGRE – TRISTE – AGRADÁVEL

..............................................................................................

# 115

## Linguagem

Escreva 20 palavras que comecem por **TE** e terminem em **O**:

Texugo...

.............................................................................................

.............................................................................................

.............................................................................................

.............................................................................................

.............................................................................................

Escreva 20 palavras que comecem por **NA** e terminem em **A**:

Nata...

.............................................................................................

.............................................................................................

.............................................................................................

.............................................................................................

.............................................................................................

# 116

## Cálculo

Execute as seguintes operações levando em conta que:

|   | A | B | C | D | E |
|---|---|---|---|---|---|
| ♥ | 10 | 35 | 21 | 30 | 2 |
| ✳ | 5 | 6 | 15 | 18 | 25 |
| ▲ | 20 | 11 | 9 | 32 | 39 |
| ☺ | 8 | 4 | 3 | 28 | 23 |
| □ | 7 | 22 | 19 | 1 | 14 |

Exemplo: A▲ – E□ = 20 – 14 = 6

B♥ – A□ =

D▲ – B☺ =

D✳ – C▲ =

A▲ – C□ =

B▲ – A☺ =

D♥ – C□ =

E□ – C▲ =

B□ – C✳ =

D☺ – D✳ =

B♥ – D☺ =

E✳ – A☺ =

D▲ – B▲ =

134

# 117

## Atenção

Assinale abaixo todas as letras que estão QUATRO posições depois do T:

Exemplo: ROEITUFH**J**DRETLK**J****Y**UTMNB**V**CSTAPL**E**JYTJFN**C**BVDFERTLPO**I**

ERTOIUJHNFTRPEOLFBDTASEDKJTPROLKMNBVTSFERDKVLITBNVSCE

TPLÇLOTYEUDCSFTAZMXNCGFTRKFJMELUQEIRTPOLKIUASDXCZTEL

RIOZASLKJFTRMNBVCSFEDTGFLKMHJYUPLTMNBVGSFDRETCZXADSEO

LKJTEYRHFBVDFERTGCBNMKLOPÇLTOILKJUAZSSEDTGFDERHJUYTMN

BVEDSKDJUILOPÇRAEZCSDEIKOLPÇUIACEMNBVFEDSKIOLPÇLKJUHYG

FREDSAZXVCBGHNJKMLTLOPÇUHYGFREDTHBVFASUJILMYDESZXOLIK

TUJHNMBVFEDOPÇLIYTUJHFREDSAZXCVBNMKIOPÇLTREDFSAUJHBG

VFCDSIKOLPÇMNBVCSAIUESAZBHUIKMJNTRFDESZXIOLOLPKGFRED

SAZXNBVCMKIJOHOLPÇGFDSAUIJKMNHBGFDESAZXYTGFREDIUJHT

GFDESAUJIOLPÇMNBVCXESYTREDFTHGBVFRTUILIUYTHNBVCDSTGI

135

# 118

## Memória

Você encontrará abaixo várias palavras; leia-as uma por uma e, sem olhar, soletre-as (em ordem, diga as letras que compõem a palavra).

**Exemplo:** FERRO
As letras que compõem essa palavra são: F-E-R-R-O.

1) CARAMELO

2) ABARROTADO

3) ESQUADRINHAR

4) HOMEOPATIA

5) EQUILÍBRIO

6) PREPARATIVO

7) REFRESCANTE

8) ORGANOGRAMA

9) LAVANDERIA

10) FALATÓRIO

11) REFRIGÉRIO

12) NEUTRALIDADE

13) JUSTIFICAÇÃO

14) IMPERCEPTÍVEL

15) GRATIFICAÇÃO

16) SUPERSTICIOSO

# 119

**Raciocínio**

Preencha as casas vazias com as figuras que faltam. Você não pode repetir nenhuma figura em uma mesma linha ou coluna.

# 120

## Linguagem

Encontre as 12 palavras que contêm erros ortográficos e, em seguida, escreva-as corretamente:

| | | | | |
|---|---|---|---|---|
| TAÇA | ADICTIVO | CEDRO | PREGÃO | HORLA |
| PARABOLA | OUSAR | LACTEO | LIXEIRA | GRILHÃO |
| MASSÃ | PEÇA | JAZER | INPUTAR | FARRAPO |
| IMUNE | SAÚDE | HÁLGEBRA | TROPEÇO | ÍMPETO |
| MIGALHA | URZE | SEMÁFORO | URRAR | CARPA |
| TOLO | ACTITUDE | SÚMULA | ESPEBITADO | ATELIE |
| BRUSSOS | PÉLVIS | DESAGUE | ENGESSAR | TRUÃO |
| NEXO | TÓRAX | ABELIA | DESESPERO | ÍPSILON |

1) ...............................................

2) ...............................................

3) ...............................................

4) ...............................................

5) ...............................................

6) ...............................................

7) ...............................................

8) ...............................................

9) ...............................................

10) ...............................................

11) ...............................................

12) ...............................................

138

# 121

**Raciocínio**

Encontre as sete figuras repetidas:

As figuras que se repetem são:

..........................................................................................................

..........................................................................................................

# 122

## Cálculo

Execute as seguintes operações levando em conta que:

|   | A | B | C | D | E |
|---|---|---|---|---|---|
| ♥ | 32 | 51 | 12 | 73 | 25 |
| ✱ | 47 | 69 | 9 | 55 | 11 |
| ▲ | 80 | 15 | 92 | 97 | 60 |
| ☺ | 18 | 75 | 7 | 53 | 81 |
| □ | 42 | 23 | 35 | 48 | 13 |

Exemplo: B▲ – C☺ = 15 – 7 = 8

D♥ – B▲ =                          D▲ – B☺ =

A□ – B□ =                          E□ – C✱ =

E☺ – A♥ =                          B▲ – C☺ =

D✱ – E✱ =                          B✱ – A□ =

D□ – E♥ =                          C□ – B▲ =

A▲ – D✱ =                          E☺ – B☺ =

# 123

### Raciocínio

Leia a seguinte fábula de Esopo e, em seguida, explique qual é a moral da história:

## O AVARENTO E O OURO

Um avarento vendeu tudo o que possuía e comprou uma peça de ouro, que ele enterrou próximo a um muro velho, e todos os dias ia verificar o local.

Um de seus vizinhos observou suas frequentes visitas ao lugar e decidiu averiguar o que se passava. Logo descobriu o tesouro escondido e, cavando, apanhou a peça e a roubou.

No dia seguinte, o avarento encontrou seu esconderijo vazio e, em desespero, lamentava-se profundamente.

Então, outro vizinho, inteirando-se do motivo de sua queixa, conso-lou-o dizendo:

– Agradeça pelo assunto não ser tão grave. Vá, traga uma pedra e coloque-a no lugar da peça. Imagine então que o ouro ainda está lá. Pra você tanto faz se aquilo é ou não ouro, já que você não ia mesmo fazer uso dele.

**Moral da história:**

.............................................................................................................

.............................................................................................................

.............................................................................................................

## Atenção

Encontre 20 nomes de profissões entre todas estas letras. As palavras encontram-se na horizontal e da direita para a esquerda (estão escritas ao contrário).

Exemplo: TEPINO**ATSICIRTELE**SEROBACIORLSEAFASICAPOEL

```
CESORIETNIPRACPIRTUMIDAJUGUILPORIEDAPEÇ
OUYETREDOSCBVGFDASIKJMONHERODACSEPGT
IREIUJALOPÇLAKJMONHGBIVFOCORIEHNIZOCID
ESXZASEDORFEGASIORERUSABLKIRAGAREDIFVO
CIDEMCDSAZODAGOVDAEXEOPLIÇIUYERTGFUE
VCSEDXIMNJHAYTGORFIDPOLKIJATRESASZXACF
REGYAIKJLOPAIUYTREJHLNOBNGAFIREIORIEHNE
GNELPÇOLDESAZAXWETYHGORTSEAMBSLIARART
AIDEPORIERAMACIUPTRORIERREFSDIMJAHNEGTR
EASZIXOCIUOLPÇOKJMANAHTRORIEDNATIUQSD
FVCXASAUZASZIXOCIUOLPÇOKJMANAHTRORET
URFSDFVCXASALZSZIUJJNAHGTOLPÇIUTRAEDFB
OVCSXZAHJKOUIYTOREOLPÇEMKIUTREDIFCVHY
ASAZJMANOGOLODOPIAIRATAIRATERCESROJUYT
ROATSITNEDEBGFDSOLIUYEROPLOASZKIUTRELK
MOJHNBVIDEOYTOREASKLOENÇZXCETNEETNER
EGDRFTUATSINAIPJUROTACWYTRUFGIKJHYUOLP
```

# 125

**Linguagem**

Escreva 100 palavras encadeadas partindo da palavra "mesa" (a última sílaba será o início da palavra seguinte). Tente não repetir nenhuma.

Mesa-sábado-domingo-gota...

..............................................................................................................

..............................................................................................................

..............................................................................................................

..............................................................................................................

..............................................................................................................

..............................................................................................................

..............................................................................................................

..............................................................................................................

..............................................................................................................

..............................................................................................................

..............................................................................................................

..............................................................................................................

# 126

**Praxia**

Desenhe as seguintes figuras em sua casinha correspondente:

Desenhe uma mão ✋ na casinha A-2, na D-4 e na F-5.

Desenhe uma cara ☺ na casinha E-2, na C-3 e na casinha B-5.

Desenhe um coração ♥ na casinha C-1, na F-3 e na casinha A-4.

Desenhe uma vela acesa 🕯 na casinha F-1, na B-4 e na casinha D-5.

|  | A | B | C | D | E | F |
|---|---|---|---|---|---|---|
| 1 |  |  |  |  |  |  |
| 2 |  |  |  |  |  |  |
| 3 |  |  |  |  |  |  |
| 4 |  |  |  |  |  |  |
| 5 |  |  |  |  |  |  |

# 127

**Orientação**

Escreva os trajetos representados na seguinte quadrícula, desde o ponto de partida (☺) até o ponto final (☆).

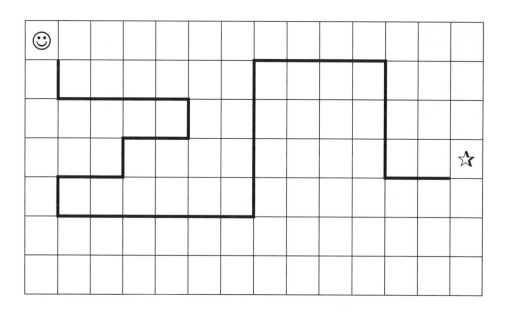

a) ..................................

b) ..................................

c) ..................................

d) ..................................

e) ..................................

f) 2 quadrados para a esquerda

g) ..................................

h) ..................................

i) ..................................

j) ..................................

k) ..................................

l) ..................................

145

# 128

## Cálculo

Execute as seguintes multiplicações e complete as casinhas da tabela. Tente fazê-las o máximo que puder mentalmente e, para as restantes, use papel e lápis.

|      | 8 | 4 | 10 | 3 | 7 | 12 | 9 |
|------|---|---|----|---|---|----|---|
| x10  |   |   |    |   |   |    |   |
| x9   |   |   |    |   |   |    |   |
| x12  |   |   |    |   |   |    |   |
| x6   |   |   |    |   |   |    |   |
| x20  |   |   |    |   |   |    |   |
| x15  |   |   |    |   |   |    |   |
| x8   |   |   |    |   |   |    |   |
| x23  |   |   |    |   |   |    |   |
| x17  |   |   |    |   |   |    |   |
| x30  |   |   |    |   |   |    |   |
| x28  |   |   |    |   |   |    |   |
| x35  |   |   |    |   |   |    |   |

# 129

## Memória

Você encontrará abaixo diferentes palavras; leia-as uma por uma e, sem olhar, soletre-as, mas na ordem inversa (diga as letras que compõem a palavra começando pela última).

Exemplo: PAÍS; as letras que compõem essa palavra na ordem inversa são: SIAP.

1) SOPA

2) RODA

3) CASA

4) TREM

5) CAPA

6) PILHA

7) FUNDA

8) CREDO

9) POEIRA

10) CALOR

11) ABELHA

12) DENTE

13) LEITE

14) SÍLABA

15) ABERTO

16) MAESTRO

# 130

**Atenção**

Encontre 20 nomes de flores entre todas estas letras. As palavras encontram-se na horizontal e da direita para a esquerda (estão escritas ao contrário).

Exemplo: D E R I S O G E R IO B A C I O R L S E A F A N S I C **A S O R** P O E L E T A S I N C

R I T U M E N V A T E L O I V B F A G E R L O U K I Y H A I N U T E P T G F A D S I
G D F E D I C V B R O T Y U B M O H J I P A L U O P A P S E K E T D C B O S N X I
M F O L A I E L A Z A K Ç U I E J G O H A Z A M E I S N F G E T R U P Ç O L I K I Y T
R E A S Q U I K O J M N H G R E S D A Z X U F R T G Y H U J I E L O V A R C I
A D I R A G R A M L K O L P Ç M I N B O I R I L V I C F R G T I Y E S D O I J U H I Y G O L
L E Ç E S A Q U Y E R D K A J M A N A I N E D R A G A R F E D A Z S D X F V N A H
T I O T N E I M A S N E P P Ç L E R A H U A O L E T D R E G H S L C M E B I E N R T
F P O Y U G J E F T I E R A K I S M O I N A R E G B A N V I H O F E B A C G A D V X
A I S N E T R O H D S E R O L Y W U P A L A I L E M A C Ç T U R O T F O I L G
A I L O N G A M O K N B I V E I R L A Z O M E T N A S I R C X S Ç P I O U R A T E H
G I J F M I V A N E C U Ç A M I M S A J N S E D I U J I L A Z X M O S N O E R I T I O I
P Ç U S D E F G R L A J K A H U Y A E O T R A M A N J E G E F S E R C N E I V A K J
A V L I S S E R D A M I D O T E U R P I O Y M T U I R A D N A V A L H A L I O P Y E
L O S S A R I G A R I S E D I J A M I N H A G O N I A P I L U T U T R E U L K A M O
J N I H A G E F R E D E S D A E D I U Q R O N A R E F I G U E R O S A B A L I D T U

# 131

**Linguagem**

Escreva 20 palavras que tenham **5 letras** e comecem por **B**:

Barco...

.......................................................................................................

.......................................................................................................

.......................................................................................................

.......................................................................................................

.......................................................................................................

Escreva 20 palavras que tenham **5 letras** e comecem por **G**:

Golpe...

.......................................................................................................

.......................................................................................................

.......................................................................................................

.......................................................................................................

.......................................................................................................

# 132

## Raciocínio

Preencha as casas vazias com as figuras que faltam. Você não pode repetir nenhuma figura em uma mesma linha ou coluna.

| ✱ | | | ✱ |
|---|---|---|---|
| | ✱ | | |
| ✱ | | ✱ | ✱ |
| | ✱ | | |

| ✚ | ✛ | | ✕ |
|---|---|---|---|
| | | ✕ | |
| ✖ | ✕ | | |
| | | | ✚ |

# 133

**Memória**

Memorize bem estas letras e números por aproximadamente 2 minutos. Na página seguinte, você terá de escrevê-los na mesma ordem (sem olhar). Para ficar mais fácil, você pode memorizá-los em grupos pequenos, e não tudo junto. Por exemplo: P4R/G78...

## P4RG78R9EM

## Z65FEJ2M9B

Memorize bem estas letras e números por aproximadamente 2 minutos. Na página seguinte, você terá de escrevê-los na mesma ordem (sem olhar). Para ficar mais fácil, você pode memorizá-los em grupos pequenos, e não tudo junto. Por exemplo: 57Q/AL8...

## 57QAL8FB31

## MD2J7X19U4

Sem olhar, escreva corretamente as letras e os números da página anterior:

Sem olhar, escreva corretamente as letras e os números da página anterior:

# 134

## Cálculo

Execute as seguintes operações levando em conta que:

|  | A | B | C | D | E |
|---|---|---|---|---|---|
| ♥ | 150 | 65 | 320 | 89 | 222 |
| ✳ | 471 | 180 | 82 | 230 | 52 |
| ▲ | 929 | 315 | 850 | 45 | 90 |
| ☺ | 615 | 71 | 450 | 110 | 505 |
| □ | 98 | 20 | 19 | 73 | 69 |

Exemplo: C♥ – C✳ = 320 – 82 = 238

A✳ – C□ =                    C☺ – D□ =

E♥ – D☺ =                    B▲ – A□ =

C▲ – B☺ =                    E▲ – D▲ =

E▲ – B□ =                    C▲ – E□ =

D✳ – D▲ =                    B✳ – D☺ =

A□ – E□ =                    A✳ – D▲ =

153

# 135

## Raciocínio

Assinale a palavra (ou letra) que destoa das demais e explique a razão:

BANHEIRA – DUCHA – SABONETE – PIA – MESA

.................................................................................................................

SOL – NUVEM – BOLA – RELÓGIO – RODA

.................................................................................................................

GORILA – CACHORRO – GATO – PERIQUITO – HAMSTER

.................................................................................................................

CALÇA – TÊNIS – CAMISETA – SAIA – CAMISA

.................................................................................................................

DAMAS – BINGO – DOMINÓ – TÊNIS – XADREZ

.................................................................................................................

OVO – FARINHA – PIMENTA – AÇÚCAR – LEITE

.................................................................................................................

TRÊS – DEZESSETE – NOVENTA – NOVE – UM

.................................................................................................................

CHUVA – MONTANHA – GRANIZO – TROVÃO – SOL

.................................................................................................................

# 136

## Atenção

Encontre as sete figuras repetidas:

As figuras que se repetem são:

..............................................................................................................

..............................................................................................................

..............................................................................................................

# 137

## Memória

Leia o texto abaixo durante aproximadamente 2 minutos. Em seguida, na página seguinte, responda às perguntas relacionadas ao texto, sem consultá-lo:

Carolina é uma jovem de 22 anos. Ela estuda Medicina na Universidade de Barcelona. Ali, divide o alojamento com mais duas garotas, Melissa e Dafne.

De manhã, ela comparece às aulas, das 8:30 às 14:30h, e, à tarde, das 16:30 às 20:30h, Carolina trabalha em uma loja para pagar os estudos.

O alojamento dista 30 minutos de metrô da universidade. Por sorte, tem uma estação bem perto de onde mora.

Ao meio-dia, ela costuma comer na cantina da universidade, já que o cardápio é bastante variado e custa 8,50 euros.

Ela vai andando da universidade até o trabalho; são apenas 20 minutos de caminhada.

Nos fins de semana, ela costuma visitar seus pais em um povoado na Costa Brava; lá ela descansa e passa o tempo com suas amigas de infância.

Sem olhar para o texto da página anterior, responda às seguintes perguntas:

1) Como se chama a protagonista desta história?

..............................................................................................................

2) O que estuda e onde?

..............................................................................................................

3) Como se chamam suas colegas de alojamento?

..............................................................................................................

4) Quais são seus horários na universidade?

..............................................................................................................

5) Onde trabalha e por quê?

..............................................................................................................

6) Qual é o seu horário de trabalho?

..............................................................................................................

7) Qual é a distância do alojamento até a universidade?

..............................................................................................................

8) Onde costuma comer e quanto custa?

..............................................................................................................

9) Quanto tempo leva da universidade até o seu trabalho?

..............................................................................................................

10) O que costuma fazer nos fins de semana?

..............................................................................................................

# 138

## Cálculo

Execute as seguintes multiplicações e complete as casinhas da tabela. Tente fazê-las o máximo que puder mentalmente e, para as restantes, use papel e lápis.

|      | 740 | 310 | 473 | 831 | 195 | 526 | 697 |
|------|-----|-----|-----|-----|-----|-----|-----|
| x8   |     |     |     |     |     |     |     |
| x4   |     |     |     |     |     |     |     |
| x3   |     |     |     |     |     |     |     |
| x10  |     |     |     |     |     |     |     |
| x2   |     |     |     |     |     |     |     |
| x5   |     |     |     |     |     |     |     |
| x7   |     |     |     |     |     |     |     |
| x11  |     |     |     |     |     |     |     |
| x6   |     |     |     |     |     |     |     |
| x9   |     |     |     |     |     |     |     |
| x12  |     |     |     |     |     |     |     |
| x20  |     |     |     |     |     |     |     |

# 139

## Linguagem

Escreva 100 palavras encadeadas partindo da palavra "mesa" (a última sílaba será o início da palavra seguinte). Tente não repetir nenhuma.

Cidade-defesa-saber-berro-robalo...

# 140

**Praxia**

Desenhe as seguintes figuras em sua casinha correspondente:

Desenhe um sino 🔔 na casinha C-1, na A-3 e na F-5.

Desenhe um livro 📖 na casinha B-2, na E-4 e na casinha D-5.

Desenhe uma cruz ✝ na casinha C-4, na F-1 e na casinha D-2.

Desenhe uma bandeira 🚩 na casinha F-3, na B-5 e na casinha A-1.

|   | A | B | C | D | E | F |
|---|---|---|---|---|---|---|
| 1 |   |   |   |   |   |   |
| 2 |   |   |   |   |   |   |
| 3 |   |   |   |   |   |   |
| 4 |   |   |   |   |   |   |
| 5 |   |   |   |   |   |   |

# 141

## Atenção

Assinale abaixo todos os números que estão QUATRO posições depois do 5:

Exemplo: 43567**2**13478954367**8**923453213456789065432**8**90732454432

102938476574638275940983522376503938312890765438754329807  
432123432679643217809870234189076431327809754378451237654  
890875346087123542794378153476125210983247857423509135091 2  
357834578217577175890613423234096751324675808723513876789  
124321567412358732543799851340912357809723409876239840976  
778123094879123028372934627812984309230980762430981290876  
342891234098763412353467235132765890435127645890989647589  
043812758943279850098754323078642590085432158700932456348  
906512352147863459087542389768451237874652390876541387432  
218909843218790643212908743678542320988872234789853144701

# 142

## Memória

Você encontrará abaixo um conjunto de números; leia cada conjunto separadamente e, sem olhar, ordene-os do menor para o maior.

**Exemplo:** 39-81-44
Ordenados do menor para o maior: 39-44-81

A) 23-19-72-44

I) 63-68-51-48-13

B) 51-63-18-24

J) 10-21-17-16-48

C) 44-59-13-18

K) 89-93-17-22-64

D) 25-19-26-32

L) 28-31-14-17-95

E) 81-93-43-12

M) 81-98-76-61-23

F) 47-40-31-29

N) 31-67-55-18-64

G) 63-69-51-53

O) 55-61-74-70-21

H) 28-13-93-98

P) 84-92-20-19-61

# 143

## Raciocínio

Transcreva os seguintes desenhos levando em conta que:

| ⊲ = C | ⊳ = A | ⋏ = E | ⋎ = N | ✦ = D | ★ = U | ✳ = O |

Exemplo: ⋎ ⊳ ✦ ⊳ = NADA

⊲ ⋏ ✦ ✳ = ...............................  ⊳ ⊲ ⋏ ⋎ ✳ = ...............................

⊲ ⋏ ⋎ ⊳ = ...............................  ⋎ ★ ⋎ ⊲ ⊳ = ...............................

✦ ⋏ ✦ ✳ = ...............................  ⋎ ✳ ✦ ✳ ⊳ = ...............................

⊲ ⊳ ✦ ⊳ = ...............................  ⊳ ⊲ ★ ✦ ⊳ = ...............................

⊲ ⊳ ⋎ ✳ = ...............................  ⊲ ⊳ ⋎ ⋏ ⊲ ⊳ = ...............................

⊳ ⋎ ✦ ✳ = ...............................  ⊲ ⊳ ⋎ ★ ✦ ✳ = ...............................

⋎ ★ ⊲ ⊳ = ...............................  ✦ ★ ⋏ ⋎ ✦ ⋏ = ...............................

163

# 144

## Cálculo

Execute as seguintes operações levando em conta que:

|   | A | B | C | D | E |
|---|---|---|---|---|---|
| ♥ | 21 | 35 | 81 | 19 | 72 |
| ✳ | 18 | 9 | 8 | 65 | 55 |
| ▲ | 70 | 15 | 25 | 5 | 52 |
| ☺ | 45 | 60 | 32 | 7 | 14 |
| □ | 12 | 30 | 43 | 13 | 6 |

Exemplo: A♥ + D☺ + E□ = 21 + 7 + 6 = 34

B✳ + C♥ + D▲ =                 E♥ + D☺ + B□ =

C☺ + D□ + C✳ =                 B☺ + C□ + D✳ =

D✳ + B▲ + E□ =                 A♥ + B♥ + E♥ =

A✳ + B☺ + D☺ =                 D□ + E☺ + C♥ =

C☺ + D□ + D♥ =                 C□ + D▲ + E✳ =

A▲ + B▲ + D▲ =                 C▲ + D✳ + B✳ =

# 145

## Orientação

Desenhe o trajeto desde o ponto de partida (☺) até o ponto final (☆), com as seguintes instruções:

a) 1 quadrado para baixo

b) 2 quadrados para a direita

c) 2 quadrados para baixo

d) 2 quadrados para a esquerda

e) 1 quadrado para baixo

f) 6 quadrados para a direita

g) 3 quadrados para cima

h) 2 quadrados para a direita

i) 1 quadrado para cima

j) 2 quadrados para a direita

k) 2 quadrados para baixo

l) 2 quadrados para a direita

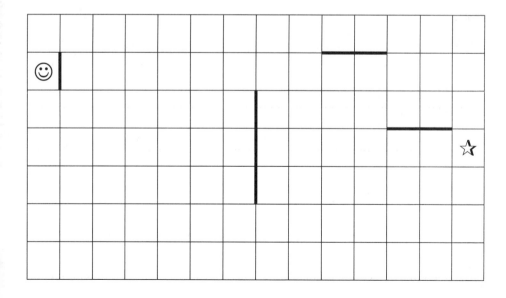

# 146

**Linguagem**

Escreva 20 palavras que tenham **5 letras** e comecem por **A**:

Ábaco...

................................................................................................

................................................................................................

................................................................................................

................................................................................................

................................................................................................

Escreva 20 palavras que tenham **5 letras** e comecem por **O**:

Oásis...

................................................................................................

................................................................................................

................................................................................................

................................................................................................

................................................................................................

# 147

### Raciocínio

Leia a seguinte fábula de Tomás de Iriarte e, em seguida, explique qual é a moral da história:

## O SAPO E A CORUJA

Uma coruja encontrou um bom abrigo em um buraco de uma grande árvore. E, como seus hábitos são noturnos, nunca deixava seu lar durante o dia; sendo assim, seus vizinhos não a conheciam.

Um dia passou por ali um sapo, parou debaixo da árvore e lhe disse:

– Senhora coruja, por que não coloca a cabeça para fora da janela, assim poderemos comprovar se és bela ou feia como supomos?

A coruja botou a cabeça para fora, encarando fixamente o sapo, que era muito mais feio do que ela, e respondeu:

– É verdade, não sou bonita, e por isso não saio durante o dia. Mas você, passeando por aqui ao sol e postando-se de belo, melhor não estaria escondido dentro de algum buraco escuro?

**Moral da história:**

.............................................................................................................

.............................................................................................................

.............................................................................................................

.............................................................................................................

.............................................................................................................

# 148

## Atenção

Encontre 20 nomes de rios do Brasil entre todas estas letras. As palavras encontram-se na horizontal e da direita para a esquerda (estão escritas ao contrário).

Exemplo: PEN**AURUJ**GIRIOJACOLORRSEAFANSIPOELETASINCIN

QUESERANEHITRABMOPOREUDLIJIBASERUGNIXE
RROLUSADWREGCSPIERNOTILPABIANRAPSUDERI
NAZIRIRIBOPILERIFPNTUCARNUTYGAÇOHUERLI
BTFEDRINOPORILAZOJATUZAVANAMINAHNOHNI
TIUQEJIMIESNOTADUHERSURUPORGREROMAMID
ONIBAZUBILEGERUTOSAMINOPOTILERCAZAANA
IDAUGLRACUJETEITIHUFIESLUÇAUGIGORGENASJ
GUERTOCAQUELOTRXZIPESAJUYEFULOTAGERBO
LLPAZYFETECODAUGJTÇGRDSOJAPATASTOILNYD
SATOLEPILOCUTRIVIUQLADAUGIIELOMIBOPILIB
TFEDREROPAUGCSPZIERDARUGESASANOZAMAR
ANARAPOLUIBASERERLIBTFITERAGILOPOSUTON
OIVRENIJARACITRINOÇOYIPLITREIDAALSESNITN
ACOTRECAPORILINEGAZUZARIEDAMINIBERIEME
RAIAUGARAHIELIMIESNOTADUORDAMEURUJATU

# 149

## Linguagem

Partindo da palavra SALPICAR, forme 20 palavras com significado, utilizando as letras que precisar, mas sem repetir nenhuma:

SALPICAR

Picar...

.................................................................................................................

.................................................................................................................

.................................................................................................................

.................................................................................................................

Partindo da palavra GRAVIOLA, forme 20 palavras com significado, utilizando as letras que precisar, mas sem repetir nenhuma:

GRAVIOLA

Viola...

.................................................................................................................

.................................................................................................................

.................................................................................................................

.................................................................................................................

# 150

**Raciocínio**

Assinale a palavra (ou letra) que destoa das demais e explique a razão:


MÃE – TIO – PAI – AVÔ – TATARAVÓ

........................................................................................................

ESTAVA – AMAVA – COMIA – CRESCEREI – SUSTENTAVA

........................................................................................................

DEZEMBRO – JANEIRO – SETEMBRO – OUTUBRO – NOVEMBRO

........................................................................................................

INGLÊS – ESPANHOL – LATIM – ALEMÃO – FRANCÊS

........................................................................................................

GEL – LENÇO – DIADEMA – PULSEIRA – GRAMPO

........................................................................................................

PNEU – CARVÃO – BANANA – PICHE – NANQUIM

........................................................................................................

ABRIL – MARÇO – OUTUBRO – JANEIRO – AGOSTO

........................................................................................................

ESPAGUETE – RAVIOLI – COZIDO – TALHARIM – LASANHA

........................................................................................................

# 151

## Cálculo

Execute as seguintes operações levando em conta que:

|     | A   | B   | C   | D   | E   |
|-----|-----|-----|-----|-----|-----|
| ♥   | 100 | 790 | 55  | 670 | 150 |
| ✳   | 35  | 539 | 195 | 471 | 315 |
| ▲   | 328 | 250 | 98  | 92  | 77  |
| ☺   | 43  | 62  | 413 | 835 | 275 |
| □   | 80  | 999 | 505 | 932 | 490 |

Exemplo: A✳ + C✳ + D☺ = 35 + 195 + 835 = 1065

B♥ + C□ + E▲ =

D♥ + E✳ + A□ =

A☺ + D▲ + C♥ =

B□ + C□ + D♥ =

B□ + D□ + E▲ =

E□ + C☺ + A♥ =

A✳ + D▲ + B☺ =

B☺ + D✳ + B▲ =

C□ + D♥ + C▲ =

C□ + D☺ + B✳ =

E☺ + A▲ + C✳ =

E☺ + A▲ + C✳ =

## 152

### Memória

A seguir, você encontrará uma série de sílabas sem significado; leia-as e, sem olhar, repita-as, porém na ordem alfabética.

**Exemplo:** ME-TO-LO
Na ordem alfabética é: LO-ME-TO

1) FE-LO-NI-TE

2) TI-SU-MO-JE

3) PA-RE-LO-FI

4) CA-RO-FE-VA

5) BA-TO-RU-FO

6) DO-LA-NA-SA

7) ZU-MO-LI-JA

8) RE-MI-NA-YA

9) YE-TE-ZU-CA-LA

10) MI-NA-JE-DI-FO

11) MAS-TRE-TU-DA-NO

12) NOS-BI-NI-BA-TA

13) RES-CA-VA-CE-VO

14) JI-NO-JA-NA-LA

15) FE-DO-RE-DA-RI

16) CA-NE-LE-SI-NO

# 153

## Linguagem

Ordene as seguintes letras para formar o nome de um alimento:

ENABLRIEJ: ...............................

CIBOSTIO: .................................

MTEATO: .....................................

GIBIRODERA: ...............................

ZORAR: ...........................................

TELOCACHO: .............................

GANAM: .....................................

ATABAT: .......................................

LAMBORACA: ............................

HILMO: .......................................

HARNIFA: ...................................

OPA: ............................................

MIAPI: ........................................

RAORCAMA: .............................

## 154

**Atenção**

Encontre as 4 letras que não possuem par (que não se repetem).

| C | H | G | K | E |
|---|---|---|---|---|
| N | S | M | R | O |
| K | B | Q | J | D |
| Ç | U | W | L | F |
| G | R | E | T | Z |
| S | F | X | A | M |
| T | Y | Ç | V | H |
| D | J | Z | P | N |
| O | L | I | Q | X |
| A | V | W | Y | B |

As letras que não possuem par são:

.........................................................................................................

.........................................................................................................

# 155

**Memória**

Memorize bem estas letras e números por aproximadamente 2 minutos. Na página seguinte, você terá de escrevê-los na mesma ordem (sem olhar). Para ficar mais fácil, você pode memorizá-los em grupos pequenos, e não tudo junto. Por exemplo: 98J/U76...

## 98JU76TFC4

## HYR31H8N9I

## P51UA77J4M

Memorize bem estas letras e números por aproximadamente 2 minutos. Na página seguinte, você terá de escrevê-los na mesma ordem (sem olhar). Para ficar mais fácil, você pode memorizá-los em grupos pequenos, e não tudo junto. Por exemplo: DF6/2JR...

## DF62JRU4EI

## KZN44ID9A8

## 517LPG65TV

Sem olhar, escreva corretamente as letras e os números da página anterior:

Sem olhar, escreva corretamente as letras e os números da página anterior:

# 156

**Praxia**

Desenhe as seguintes figuras em sua casinha correspondente:

Desenhe uma flor ❀ na casinha A-2, na B-4 e na D-5.

Desenhe um envelope ✉ na casinha A-5, na E-4 e na casinha D-1.

Desenhe uma tesoura ✂ na casinha E-3, na C-5 e na casinha B-3.

Desenhe um avião ✈ na casinha B-2, na E-2 e na casinha F-1.

|   | A | B | C | D | E | F |
|---|---|---|---|---|---|---|
| 1 |   |   |   |   |   |   |
| 2 |   |   |   |   |   |   |
| 3 |   |   |   |   |   |   |
| 4 |   |   |   |   |   |   |
| 5 |   |   |   |   |   |   |

# 157

## Raciocínio

Assinale a palavra (ou letra) que destoa das demais e explique a razão:

LINHA – AGULHA – SAIA – TESOURA – DEDAL

......................................................................................................

MELANCIA – MELÃO – BATATA – MAÇÃ – BANANA

......................................................................................................

GALINHA – ÁGUIA – OVELHA – VACA – CAVALO

......................................................................................................

HAITI – BÉLGICA – CANADÁ – ESTADOS UNIDOS – MADAGÁSCAR

......................................................................................................

CALÇA – MEIA – SAPATILHA – TÊNIS – BOTA

......................................................................................................

LÁBIO – NARIZ – SOBRANCELHA – MÃO – BOCHECHA

......................................................................................................

AMAZONAS – TIETÊ – SOLIMÕES – NEGRO – TAPAJÓS

......................................................................................................

TOULOUSE – MELBOURNE – CALAIS – LYON – MARSELHA

......................................................................................................

# 158

## Atenção

Assinale abaixo todos os números que estão CINCO posições antes do 8:

Exemplo: **9**76453812309**7**65438123432168096**7**542334812331809765433

1029432875642301984536210294485902354726545 94

0834402925583097653458098757890345287635456 9

03567224567309134642560953467731032156245 9 04

321568906542340098724567453280900957703466 78

00975783567543809095434567813450945668764 567

765823560909245609457823567823468045843408 43

4843458668248066833865480968438128005834 4864

3054237609093593054320312735407065912441 5896

43833660354267865899787689478234843256896345

806466782455865438563509990432126473333584337

462446758607947345286978575365869346256589 69

26657698905894847759696909548746648875756 467

5635265866844869786376568473625535354646 468

179

# 159

## Linguagem

Escreva 20 palavras que tenham **5 letras** e comecem por **E**:

Época...

..................................................................................................................

..................................................................................................................

..................................................................................................................

..................................................................................................................

..................................................................................................................

Escreva 20 palavras que tenham **5 letras** e comecem por **I**:

Ícone...

..................................................................................................................

..................................................................................................................

..................................................................................................................

..................................................................................................................

..................................................................................................................

# 160

## Cálculo

Execute as seguintes operações levando em conta que:

|   | A | B | C | D | E |
|---|---|---|---|---|---|
| ♥ | 35 | 49 | 10 | 93 | 22 |
| ✱ | 30 | 71 | 18 | 63 | 40 |
| ▲ | 51 | 19 | 82 | 25 | 8 |
| ☺ | 9 | 68 | 94 | 47 | 15 |
| ☐ | 81 | 23 | 18 | 55 | 13 |

Exemplo: A▲ – C☐ – E☐ = 51 – 18 – 13 = 20

D✱ – D▲ – C☐ =

D☺ – E☺ – C✱ =

C☺ – D☺ – E☐ =

B☺ – C♥ – C☐ =

C▲ – B☺ – E☐ =

E✱ – D▲ – A☺ =

E✱ – B☐ – E▲ =

C☺ – E✱ – A✱ =

D☐ – B▲ – A✱ =

B✱ – C☐ – D▲ =

D♥ – E♥ – B♥ =

A▲ – B▲ – E☐ =

181

# 161

## Memória

Leia o texto abaixo durante aproximadamente 2 minutos. Em seguida, na página seguinte, responda às perguntas relacionadas ao texto, sem consultá-lo:

Há 9 anos, Ana e Mateus têm um restaurante vegetariano no centro de São Paulo. Possuem uma clientela fixa e os negócios vão bem.

Oferecem um delicioso cardápio de segunda a sexta que custa 10,50 reais. Normalmente, às segundas-feiras o restaurante oferece macarronada com porpetas de carne de soja; às terças, lasanha gratinada de legumes; às quartas, feijoada vegana; às quintas, nhoque artesanal de mandioquinha; e, às sextas, bife vegetal acebolado com batata fritas.

Nos fins de semana, costumam preparar uma diversidade de salgados veganos e saladas de todos os tipos.

Também são muito conhecidos por suas batatas rústicas com alho, que são caseiras e saborosas.

Uma vez por semana, às quartas-feiras, reservam uma área do restaurante a pessoas que têm poucos recursos financeiros, oferecendo-lhes o prato do dia por somente 4 reais (cardápio social). Nesse dia, costumam atender cerca de 15 pessoas com o cardápio social, e 20 pessoas com o cardápio normal.

Responda às seguintes perguntas:

1) Como se chamam os protagonistas dessa história?

..................................................................................................................

2) Há quanto tempo eles têm o restaurante?

..................................................................................................................

3) Onde se localiza?

..................................................................................................................

4) Qual é o valor do cardápio?

..................................................................................................................

5) Que pratos são oferecidos de segunda a sexta-feira?

..................................................................................................................

6) O que costumam preparar nos fins de semana?

..................................................................................................................

7) Pelo que são conhecidos?

..................................................................................................................

8) O que fazem uma vez por semana?

..................................................................................................................

9) Qual é o valor do cardápio social?

..................................................................................................................

10) Quantas pessoas eles atendem na quarta-feira, no total?

..................................................................................................................

# 162

## Linguagem

Escreva 100 palavras encadeadas, partindo da palavra "fator" (a última sílaba deverá ser a primeira da palavra seguinte):

Fator-tormenta-taco-cola...

# 163

**Atenção**

Encontre as sete figuras repetidas:

As figuras que se repetem são:

.........................................................................................................

.........................................................................................................

# 164

## Raciocínio

Transcreva os seguintes desenhos levando em conta que:

| | | | | | |
|---|---|---|---|---|---|
| = B | = E | = F | = G | = A | = T | = S |

Exemplo:  = GÁS

 = ........................

 = ........................

 = ........................

 = ........................

 = ........................

 = ........................

 = ........................

 = ........................

 = ........................

 = ........................

 = ........................

 = ........................

 = ........................

 = ........................

# 165

## Cálculo

Execute as seguintes divisões e complete as casinhas da tabela. Tente fazê-las o máximo que puder mentalmente e, para as restantes, use papel e lápis.

| | 60 | 80 | 45 | 50 | 54 | 88 | 72 |
|---|---|---|---|---|---|---|---|
| ÷2 | | | | | | | |
| ÷6 | | | | | | | |
| ÷4 | | | | | | | |
| ÷10 | | | | | | | |
| ÷12 | | | | | | | |
| ÷8 | | | | | | | |
| ÷3 | | | | | | | |
| ÷1 | | | | | | | |
| ÷5 | | | | | | | |
| ÷20 | | | | | | | |
| ÷24 | | | | | | | |
| ÷30 | | | | | | | |

# 166

## Memória

Você encontrará abaixo diferentes palavras; leia-as uma por uma e, sem olhar, soletre-as, mas na ordem inversa (diga as letras que compõem a palavra começando pela última).

Exemplo: PAÍS; as letras que compõem essa palavra na ordem inversa são: SIAP.

1) BRANCO

2) FERINA

3) REPARO

4) MONTÃO

5) DESATA

6) PLÁCIDO

7) ABARCAR

8) ABATIDO

9) MUNDIAL

10) ARREPIO

11) FANTASIA

12) RETÓRICO

13) BISCOITO

14) UNICÓRNIO

15) ALQUIMISTA

16) MOTOCICLETA

# 167

**Orientação**

Desenhe o trajeto desde o ponto de partida (☺) até o ponto final (☆), com as seguintes instruções:

a) 2 quadrados para cima

b) 3 quadrados para a direita

c) 2 quadrados para baixo

d) 2 quadrados para a direita

e) 2 quadrados para cima

f) 2 quadrados para a direita

g) 4 quadrados para baixo

h) 3 quadrados para a esquerda

i) 1 quadrado para baixo

j) 6 quadrados para a direita

k) 5 quadrados para cima

l) 2 quadrados para a direita

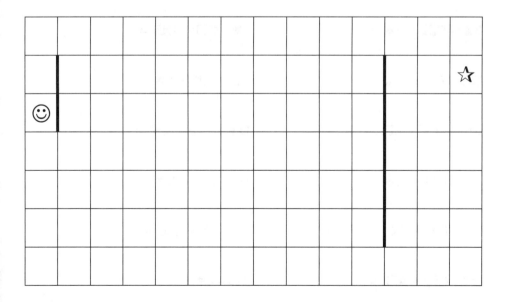

# 168

## Cálculo

Execute as seguintes operações levando em conta que:

|   | A | B | C | D | E |
|---|---|---|---|---|---|
| ♥ | 89 | 70 | 560 | 460 | 320 |
| ✳ | 38 | 51 | 25 | 62 | 18 |
| ▲ | 12 | 888 | 50 | 150 | 43 |
| ☺ | 850 | 15 | 69 | 13 | 95 |
| □ | 613 | 48 | 261 | 105 | 31 |

Exemplo: C♥ – D▲ + E☺ = 560 – 150 + 95 = 505

B▲ – C□ + E▲ =

E♥ – C□ + D□ =

D□ – E☺ + C▲ =

B▲ – C♥ + A✳ =

C□ – D▲ + B□ =

D▲ – C☺ + C♥ =

A☺ – D✳ + C✳ =

E☺ – B□ + B✳ =

E☺ – E✳ + C▲ =

A♥ – B♥ + E▲ =

D♥ – C□ + A□ =

A□ – E♥ + C☺ =

190

# 169

## Linguagem

Ordene as seguintes letras para formar o nome de uma parte do corpo:

RIZNA: ...........................................

DOSDE: ......................................

LHARTURSIPAN: ........................

NASHU: ......................................

OCSOPEC: ................................

CABO: ........................................

HROESLA: ................................

LHOSO: ......................................

PRASNE: ...................................

IGUBOM: ....................................

SEOJLOH: ................................

SNGAEDA: ................................

GIRABAR: .................................

SARBOC: ....................................

# 170

**Praxia**

Desenhe as seguintes figuras em sua casinha correspondente:

Desenhe um telefone ☎ na casinha E-4, na C-1 e na A-3.

Desenhe uma pomba 🕊 na casinha E-1, na F-5 e na casinha C-4.

Desenhe um gato 🐈 na casinha D-3, na B-5 e na casinha F-3.

Desenhe uma bicicleta 🚲 na casinha C-2, na D-5 e na casinha A-1.

|   | A | B | C | D | E | F |
|---|---|---|---|---|---|---|
| 1 |   |   |   |   |   |   |
| 2 |   |   |   |   |   |   |
| 3 |   |   |   |   |   |   |
| 4 |   |   |   |   |   |   |
| 5 |   |   |   |   |   |   |

# 171

## Memória

A seguir, você encontrará diferentes ditados. Leia-os um por um e, sem olhar, repita-os na ordem inversa.

Exemplo: Casa de ferreiro espeto de pau; o inverso é: pau de espeto ferreiro de casa

1) Querer é poder.

2) O amor é cego.

3) É dando que se recebe.

4) Não adianta chorar o leite derramado.

5) Quem foi rei nunca perde a majestade.

6) É melhor prevenir do que remediar.

7) Quem tem boca vai a Roma.

8) Quem nunca pecou que atire a primeira pedra.

9) Quem não chora não mama.

10) As aparências enganam.

11) Para bom entendedor meia palavra basta.

12) Rei morto, rei posto.

13) A cavalo dado não se olham os dentes.

14) Em boca fechada não entra mosca.

15) Antes tarde do que nunca.

16) Cada macaco no seu galho.

# 172

**Raciocínio**

Transcreva os seguintes desenhos considerando o que cada símbolo representa:

| | | | | | | |
|---|---|---|---|---|---|---|
| ○ = R | O = O | ◓ = A | ◉ = B | ◎ = E | ○ = L | ● = C |

Exemplo: ●○○◓ = COLA

◓○◎◓ = ..................................    ●◎○●◓ = ..................................

◉○○◓ = ..................................    ◉◓○●◓ = ..................................

●◓○○ = ..................................    ◉○○○◓ = ..................................

●◓○○ = ..................................    ●◎○○◓○ = ..................................

○◓◉○ = ..................................    ●◓◉◎○○ = ..................................

○○◉◓ = ..................................    ●◓○◎●◓ = ..................................

◓○●◓ = ..................................    ◉◓○◎○◓ = ..................................

# 173

**Memória**

Leia o texto abaixo durante aproximadamente 2 minutos. Em seguida, na página seguinte, responda às perguntas relacionadas ao texto, sem consultá-lo:

Semana que vem é aniversário de Cristian, que fará 8 anos. Seus pais estão organizando uma festinha para ele no próximo sábado, às 5h da tarde.

Cristian vai convidar seus cinco amigos: João, Marcos, Davi, Roberto e Jesus. E também suas cinco amigas: Sara, Paula, Tamara e Andreia.

Também comparecerão à festa primos, familiares e vizinhos.

A festa terá balões, língua-de-sogra, sanduíches, refrigerantes e o bolo, que será uma grande bola de futebol, toda feita de chocolate.

Como Cristian adora futebol, seus pais o presentearam com o uniforme do seu time do coração e uma bola oficial assinada por todos os seus ídolos. Foi uma surpresa e tanto!

No domingo, irão ao zoológico, já que ele é fascinado por bichos. Ele tem dois gatos, de 3 e 4 anos; um cachorro, de 9 anos; e um coelho, de 1 ano.

Responda às seguintes perguntas:

1) Como se chama o protagonista dessa história?

.............................................................................................................

2) Quando é seu aniversário e quantos anos vai fazer?

.............................................................................................................

3) Que dia ele vai comemorar e a que horas?

.............................................................................................................

4) Como se chamam seus cinco amigos?

.............................................................................................................

5) Como se chamam suas cinco amigas?

.............................................................................................................

6) Como será o bolo?

.............................................................................................................

7) Que presente seus pais lhe deram?

.............................................................................................................

8) Aonde irão no domingo?

.............................................................................................................

9) Quantos animais ele tem?

.............................................................................................................

10) Quantos anos tem cada bicho?

.............................................................................................................

# 174

**Raciocínio**

Leia a seguinte fábula de Jean de la Fontaine e, em seguida, explique qual é a moral da história:

## OS DOIS BURROS

Caminhavam dois burros, um carregado com sacos de trigo e o outro carregado com sacos de dinheiro. Esse último estava muito orgulhoso por ser o portador de tão valiosa carga; sentia-se honrado por seu dono tê-lo incumbido dessa responsabilidade.

Em um determinado momento, eles foram surpreendidos por ladrões, que se lançaram sobre o burro que carregava o dinheiro. O animal se defendeu como pôde, mas foi ferido mortalmente. O burro que carregava o trigo não foi atacado e conseguiu escapar. Enquanto se afastava, ele disse ao moribundo: "Amigo, nem sempre é bom ter um bom trabalho. Se estivesse servindo a um humilde camponês, não se encontraria na situação terrível em que se vê agora".

**Moral da história:**

...........................................................................................................................

...........................................................................................................................

...........................................................................................................................

...........................................................................................................................

...........................................................................................................................

# 175

**Atenção**

Encontre as 4 letras que não possuem par (que não se repetem).

| E | A | P | H | O |
|---|---|---|---|---|
| D | R | J | N | K |
| Ç | U | S | M | B |
| V | C | W | F | I |
| G | M | Y | X | Q |
| Q | X | J | V | W |
| K | H | E | A | G |
| B | O | T | Z | R |
| S | I | Y | C | P |
| U | N | D | Ç | L |

As letras que não possuem par são:

..................................................................................................

..................................................................................................

# 176

### Memória

A seguir, você encontrará diferentes ditados. Leia-os um por um e, sem olhar, repita-os na ordem inversa.

Exemplo: Casa de ferreiro espeto de pau; o inverso é: pau de espeto ferreiro de casa

1) O hábito não faz o monge.

2) Quem com porcos se mistura farelo come.

3) Quem corre por gosto não cansa.

4) Quem cala consente.

5) Aqui se faz, aqui se paga.

6) Quem espera sempre alcança.

7) Devagar se vai ao longe.

8) O que não tem remédio remediado está.

9) Quem não tem cão caça com gato.

10) Deus ajuda a quem cedo madruga.

11) Quem avisa amigo é.

12) Cada louco com sua mania.

13) O que vem fácil vai fácil.

14) Cão que ladra não morde.

15) Pau que nasce torto morre torto.

16) O olho do dono engorda o gado.

# 177

## Linguagem

Ordene as seguintes letras para formar o nome de um Estado do Brasil:

RACEA: .................................

AUIPI: ......................................

OSAAZMNA: .............................

AIHAB: .....................................

EPRESGI: ...............................

RAPA: ......................................

BRENCOMPAU: ........................

CERA: ......................................

ABAPIRA: .................................

SAGIO: .....................................

RAPAAN: .................................

AGASALO: ...............................

NANCOSTIT: .............................

IRAAOMR: ................................

# 178

**Orientação**

Escreva o trajeto desde o ponto de partida (☺) até o ponto-final (☆), com as seguintes instruções:

a) 3 quadrados para a direita

b) 2 quadrados para cima

c) 2 quadrados para a esquerda

d) 2 quadrados para cima

e) 6 quadrados para a direita

f) 3 quadrados para baixo

g) 2 quadrados para a esquerda

h) 1 quadrado para baixo

i) 5 quadrados para a direita

j) 3 quadrados para cima

k) 2 quadrados para a direita

l) 3 quadrados para baixo

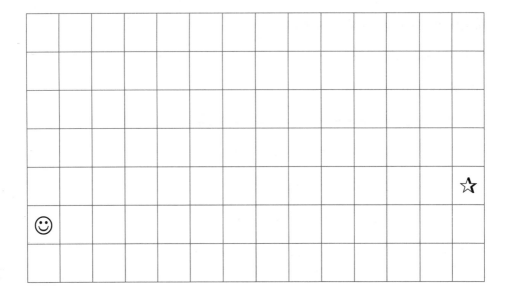

201

# 179

## Memória

A seguir, você encontrará diferentes ditados. Leia-os um por um e, sem olhar, repita-os na ordem inversa.

Exemplo: Casa de ferreiro espeto de pau; o inverso é: pau de espeto ferreiro de casa

1) Em terra de cego quem tem um olho é rei.

2) Amigo é amigo, negócio é negócio.

3) Quem semeia ventos colhe tempestades.

4) Quem tudo quer tudo perde.

5) Onde comem dois comem três.

6) Nem tudo que reluz é ouro.

7) O peixe morre pela boca.

8) Quem canta seus males espanta.

9) A curiosidade matou o gato.

10) Não julgue os outros por si.

11) Não deixe para amanhã o que pode fazer hoje.

12) Deus escreve certo por linhas tortas.

13) A esperança é a última que morre.

14) De grão em grão a galinha enche o papo.

15) Mais tem Deus pra dar do que o diabo pra tirar.

# 180

## Cálculo

Execute as seguintes divisões e complete as casinhas da tabela. Tente fazê-las o máximo que puder mentalmente e, para as restantes, use papel e lápis.

|  | 100 | 128 | 82 | 496 | 68 | 250 | 392 |
|---|---|---|---|---|---|---|---|
| ÷10 |  |  |  |  |  |  |  |
| ÷5 |  |  |  |  |  |  |  |
| ÷16 |  |  |  |  |  |  |  |
| ÷2 |  |  |  |  |  |  |  |
| ÷4 |  |  |  |  |  |  |  |
| ÷50 |  |  |  |  |  |  |  |
| ÷8 |  |  |  |  |  |  |  |
| ÷20 |  |  |  |  |  |  |  |
| ÷11 |  |  |  |  |  |  |  |
| ÷9 |  |  |  |  |  |  |  |
| ÷12 |  |  |  |  |  |  |  |
| ÷25 |  |  |  |  |  |  |  |

# SOLUÇÕES

1. Animais silvestres: doninha, lontra, lince, cervo, coelho, esquilo, coruja, javali, urso, coala, rã, coiote, coruja, tamanduá, marta, ouriço, lobo-guará, tatu, lobo, raposa, gavião...

Ofícios/profissões: carpinteiro, cozinheiro, pintor, barbeiro, arquiteto, médico, psicólogo, policial, costureiro, professor, vendedor, bancário, mecânico, caminhoneiro, sapateiro, advogado, programador, zelador, enfermeiro, jornaleiro, agricultor...

2. As letras que não possuem par são: B, G, N, X.

3. Banana – laranja – toranja: frutas.
   Rosa – verde – lilás: cores.
   Camisa – suéter – saia: peças de roupa.
   Piano – violino – reco-reco: instrumentos musicais.
   Urso – baleia – vaca: animais.
   F – H – J: consoantes.
   Anel – pingente – pulseira: ornamentos.
   Ervilha – grão-de-bico – lentilha: vagens.
   Jundiaí – Petrópolis – Salvador: cidades.
   Dedo – mão – braço: partes do corpo.
   Suíço – espanhol – francês: nacionalidades.

4. Autoavaliação.

5. Pares: 8, 2, 28, 62, 40, 18, 4, 16, 92, 82, 88, 38, 72, 30, 34.
   Ímpares: 47, 51, 9, 69, 77, 63, 25, 29, 27, 53, 1, 35, 43, 99, 21.
   Ordene os números pares do maior para o menor: 92, 88, 82, 72, 62, 40, 38, 34, 30, 28, 18, 16, 8, 4, 2.
   Ordene os números ímpares do maior para o menor: 99, 77, 69, 63, 53, 51, 47, 43, 35, 29, 27, 25, 21, 9, 1.

**6.**

```
I O B Y T R E D F B G T A S X C B J I K O L P I B I U Y T R E D F G B V C S
A Z X C N M K O L P I Ç D E R T G H U J D S A S X Z C D G U H J I K B O L
PR E D S C V F G B J U H B K I O L B R E D S B A S C B H R T G J K I O B P
O I O L P Ç K J U H Y T R E S D C V F G B N H G T R E B I O L K J N B A S B
V C X E R B N H U J I K G F E D T R O P L Ç O T R E D S A S Z X C U Y T R
G F D E J H D E R F D I U K O L P U Y T R S D E A J K H T G R F E D S A P O
B P L K I U Y G B V C D E S B O L P Ç I J B H G R F D E S A S B N V C D S X
U I K L M N B G R F E S W Q O P L N B V F D C X S A U J B H Y G T P O L B
R E T C A S Z X C B F D G B G R F B E R T B O I B P O L A B A E B U I B O U
Y T B I O P L B A S E D T R H U N B J I O L B A E T U L O P B S D F T G J K
P Ç B U Y T R E Q W E R T Y U I O P L K J H G F D S A S D F D S X Z C V G
H N J M I K O L P Ç O I U Y T G F D R H J N G F C D I K N B G R F E D O P
L I U B T G R F D E S B G F R J U B H G T F B V C D S A B J I N B G F T V BN
J I O P Ç L B S E B D R B T F B Y G B U H B J O I L K J B P I K J E S B A T R
```

**7.** Autoavaliação.

**8.** RI: riso, rio, rima, ritmo, rinoceronte, rim, rifa, risco, rito, ritual, rinite, ribeirão, rincão, rico, ridículo, rigidez, rigor, rigoroso, rijo, ripa, rival...

MO: montanha, molho, moinho, monitor, moda, mobília, morcego, mocinho, modelo, modismo, mofo, mola, molar, moleira, moleza, mole, monetário, monóculo, moratória, mote, motocicleta...

**9.**

| | 2 | 3 | 7 | 9 | 12 | 20 | 22 |
|---|---|---|---|---|---|---|---|
| +2 | 4 | 5 | 9 | 11 | 14 | 22 | 24 |
| +10 | 12 | 13 | 17 | 19 | 22 | 30 | 32 |
| +8 | 10 | 11 | 15 | 17 | 20 | 28 | 30 |
| +25 | 27 | 28 | 32 | 34 | 37 | 45 | 47 |
| +5 | 7 | 8 | 12 | 14 | 17 | 25 | 27 |
| +23 | 25 | 26 | 30 | 32 | 35 | 43 | 45 |
| +7 | 9 | 10 | 14 | 16 | 19 | 27 | 29 |
| +30 | 32 | 33 | 37 | 39 | 42 | 50 | 52 |
| +15 | 17 | 18 | 22 | 24 | 27 | 35 | 37 |
| +9 | 11 | 12 | 16 | 18 | 21 | 29 | 31 |
| +22 | 24 | 25 | 29 | 31 | 34 | 42 | 44 |
| +4 | 6 | 7 | 11 | 13 | 16 | 24 | 26 |

10. As figuras que se repetem são: , , ,

11. Autoavaliação.

12.

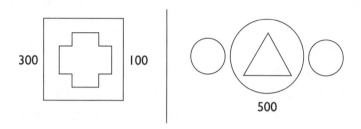

13. Autoavaliação.

14. Autoavaliação.

15. Verduras/hortaliças: acelga, alface, agrião, couve, cenoura, nabo, beterraba, rúcula, rabanete, batata, tomate, brócolis, chuchu, espinafre, repolho, pepino, aspargo, mandioca, alho-porró, pimentão, alho...

Sobrenomes: Silva, Freitas, Gonçalves, Dias, Lima, Costa, Barros, Santos, Correia, Ribeiro, Castro, Andrade, Alcântara, Cunha, Moreira, Oliveira, Pereira, Fonseca, Alves, Assis, Gomes...

16. Pares: 32, 22, 6, 62, 58, 78, 4, 10, 84, 44, 18, 8, 70.

Ímpares: 47, 9, 87, 93, 55, 19, 33, 27, 3, 17, 23, 83, 65, 13, 45, 91, 15.

Pares do maior para o menor: 84, 78, 70, 62, 58, 44, 32, 22, 18, 10, 8, 6, 4.

Ímpares do maior para o menor: 93, 91, 87, 83, 65, 55, 47, 45, 33, 27, 23, 19, 17, 15, 13, 9, 3.

17. Bola, bebê, ônibus, ponte, geladeira, trem, caramelo, andar, sol, pé.

18. Estúdio, cabeça, bem, proveito, cômico, custo, áudio, torre, ação, pombo, mesquita, trajeto.

**19.**

ITYDH**S**GEMBHGJY**R**TEMBFALSKO**E**P**Ç**MNBVCADERTD**G**FHMNGJTUIOP
Q**Ç**LAKDJ**E**RTMNBCVDGTE**F**SVMKF**J**UFMRAETDPL**L**ÇDMUYTERAGDFD
**D**DDMKJGUYTOP**Q**ÇLMJHTER**F**SSMDJFUYRTERADSLKOPLKJFHFYTRHGP
ÇLQ**E**RXMKIYRTEÇPO**D**JSMKETRWQ**P**ÇAMHFTRGA**A**AAM**T**OTMPOIYL
MHTR**E**ASMJUYT**R**ZXMKIJUH**Y**ERMLOPÇLKJHG**R**EDMIU**E**QJMNBFRTGD
SAKOLPÇIJHTGRF**D**ERMJBVFDCSXZAYUJOPÇLKWE**R**TGMNBVFGTROP
Ç**L**KMU**J**HGMHY**T**FFMNBV**D**ERMKJHYTOPÇLMJ**H**GYMNBV**F**DMUJHGFE
RASIOLPLOIASUIYTGFREDSAZXSIOLPÇLKUJHGTRESDAQWKI**O**LKMHN
BVCX**F**UIMLKO**P**ÇLMJHGR**F**DAMIUOPLRT**E**GDMNGHTYALSKJ**E**PRMNBH
**G**TRMNVSDETROP**L**HKMT**E**RIMNBF**S**REMKJ**J**YEMNBV**S**DEMRO**L**KEMETRA

**20.** 1) Alimento; 2) Baile; 3) Conto; 4) Domínio; 5) Escudo; 6) Ferro; 7) Fortuna; 8) Gato; 9) Ideia; 10) Loucura; 11) Mercúrio; 12) Nervo; 13) Outra; 14) País; 15) Queijo; 16) Rajada; 17) Saída; 18) Torneio; 19) Vagem; 20) Virtude.

**21.** Autoavaliação.

**22.** TA: talento, tatuagem, tatu, tabu, taco, tamareira, tamarindo, tartaruga, tabuleta, tabela, taberna, tabloide, tapado, tapera, tanto, tamanduá, talismã, talude, talo, talco, também...

CI: cimento, cisne, cinco, civil, civilização, civilidade, cidade, cilada, cinza, cinquenta, cinema, cinto, cimo, cinzel, cintilante, cistite, cisterna, cisão, circuncisão, cirurgia, cisco...

**23.** Álvaro é alto, muito magro e tem cabelo castanho.

**24.**

| | | | |
|---|---|---|---|
| ❑ | △ | ○ | ❑ |
| △ | ○ | ❑ | ❑ |
| ❑ | ❑ | △ | ○ |
| ○ | ❑ | ❑ | △ |

| ⇨ | U | ✓ | ♣ |
|---|---|---|---|
| ✓ | ♣ | ⇨ | U |
| U | ✓ | ♣ | ⇨ |
| ♣ | ⇨ | U | ✓ |

**25.** 1) Arco; 2) Biscoito; 3) Bola; 4) Branco; 5) Caminho; 6) Criança; 7) Dia; 8) Firma; 9) Folha;10) Instante; 11) Livro; 12) Maestro; 13) Onda; 14) Pé; 15) Rede; 16) Sinal; 17) Tecla; 18) Universo; 19) Vida; 20) Xarope.

**26.**

|      | 10  | 5  | 4  | 17  | 23  | 45  | 100 |
|------|-----|----|----|-----|-----|-----|-----|
| +10  | 20  | 15 | 14 | 27  | 33  | 55  | 110 |
| +7   | 17  | 12 | 11 | 24  | 30  | 52  | 107 |
| +8   | 18  | 13 | 12 | 25  | 31  | 53  | 108 |
| +22  | 32  | 27 | 26 | 39  | 45  | 67  | 122 |
| +17  | 27  | 22 | 21 | 34  | 40  | 62  | 117 |
| +15  | 25  | 20 | 19 | 32  | 38  | 60  | 115 |
| +26  | 36  | 31 | 30 | 43  | 49  | 71  | 126 |
| +30  | 40  | 35 | 34 | 47  | 53  | 75  | 130 |
| +42  | 52  | 47 | 46 | 59  | 65  | 87  | 142 |
| +90  | 100 | 95 | 94 | 107 | 113 | 135 | 190 |
| +75  | 85  | 80 | 79 | 92  | 98  | 120 | 175 |
| +60  | 70  | 65 | 64 | 77  | 83  | 105 | 160 |

**27.** Autoavaliação.

**28.** Autoavaliação.

**29.** Ferramentas: martelo, chave de fenda, chave de grifa, chave de porca, chave-inglesa, torquês, alicate de bico, alicate de corte, fio de prumo, serrote, talhadeira, paquímetro, trena, nível de bolha, tesoura, formão, chave philips, esquadro, plaina, lima, broca, machado...

Eletrodomésticos: lavadora, secadora, aspirador de pó, micro-ondas, forno elétrico, centrífuga de roupas, lava-louças, refrigerador, máquina de costura, fogão, *freezer*, coifa, purificador de água, batedeira, liquidificador, torradeira, cafeteira, espremedor de frutas, ferro de passar, ar-condicionado, centrífuga de sucos...

30.

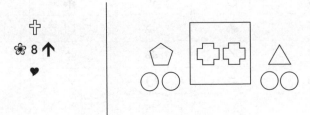

31. Autoavaliação.

32. Moral da história: o que vem fácil, vai fácil.

33. Faltam os números: 19, 28, 33, 52, 63, 75, 89, 94.

34. (+2): 3 – 5 – 7 – 9 – 11 – 13 – 15 – 17 – 19 – 21.
(+3): 6 – 9 – 12 – 15 – 18 – 21 – 24 – 27 – 30 – 33.
(+4): 2 – 6 – 10 – 14 – 18 – 22 – 26 – 30 – 34 – 38.
(+3): 17 – 20 – 23 – 26 – 29 – 32 – 35 – 38 – 41 – 44.
(+5): 21 – 26 – 31 – 36 – 41 – 46 – 51 – 56 – 61 – 66.
(+7): 34 – 41 – 48 – 55 – 62 – 69 – 76 – 83 – 90 – 97.

35. Caixa, libélula, horário, orelha, língua, azeitona, flecha, general, lápis, tombo, infinito, seringa.

36.
8764532341536789098235461294653421865123451209876543546789099876
5454673134509876754789043123145647806543705431243764562654892178
9652880976543457890675435678913456789052445623621327524325687695
6211345678904563487954276509843211325427628654628765234436092137
5427985427984532154376543287905423678956423145632145670986543 21
3425464268654396432432654762786245213427890675426987632987631 24
3567321345673265432796542134567894315467895463145678907658458369
0456134567098734156087149075473298675413256879065431678431566243
5627652152367287247289345614987652341657894531276895432 11890876

**37.**

| | |
|---|---|
| VER | NEVAR |
| SER | SARNA |
| ANO | NÉVOA |
| NORA | ASSAR |
| RENA | VENENO |
| RASO | RESSOAR |
| VERSO | RESERVA |

**38.** Pares: 18, 32, 48, 98, 72, 42, 66, 78, 40, 70, 92, 12, 34, 88, 64, 80.

Ímpares: 81, 19, 15, 29, 53, 63, 93, 31, 55, 69, 51, 11, 77.

Pares do maior para o menor: 98, 92, 88, 80, 78, 72, 70, 66, 64, 48, 42, 40, 34, 32, 18, 12.

Ímpares do maior para o menor: 93, 81, 77, 69, 63, 55, 53, 51, 31, 29, 19, 15, 11.

**39.** DU: duro, durante, duna, dois, dualidade, duelo, dubiedade, dublado, ducado, ducha, duende, dueto, duo, dupla, duque, duto, duradouro, durável, dureza, duro, duvidoso, duplicata...

FI: final, finalidade, fim, fita, figueira, figura, fila, finito, fivela, fibra, ficar, fidelidade, filme, filigrana, filisteu, fimose, fibrose, firme, fiel, filtro, fiado, fichário...

**40.**

RT REZESORARGRDJIRERIDOISROAPRDRARERBAEOCRPVK
PRRELRRVACRETRASRIORONERADORERQUATROFPEGAR
IDEZITAROPMIESNONZEATIENPIALIEDUTRAZBGIOPFLÇ
REDBNMYTRASDFCMBOITONGHRTPYOUJÇKHETREVWSAS
MXNCVDLGPRTZXMGADEZESSETEIHRTPUPLYO EÇHLE
QUINZEFASEPQZMVNFHRTDGLKTUIHJNVVSFEDHJTYPJLBN
CGDFESCMXBSFRTODOZEGHFDJKYOSEISPULAZXCSEDR
FGMNJTYHFBVGRELKCMPOIUYTREDCBFGTEZASLPHOÇLK
UYTRESDOPIREDFGTJHBMGTUIÇLOSDAETRINTAWIZXV
FTRJMNKUCATORZEYOPÇLKYRLKEFMJUITGVBPOEKIASK
JMNGTREEDJUIPÇLBGFREDSHGXFRTIOLPÇHGFSDAJNYTR
EOLKMNHYTGFREDSZAUNOVESCFRPLOÇISETEIYTLREJH
GFIDEZENOVEOBNMHGTRIFDDSAJKIOLPÇKJHYGRIE
CINCOXCBNHGJKOEVINTELPÇASERQUEDIJTFMBVHDCBWUD
IEDEZOITOYOLKHGRDEZESSEISESATPORDKUSOAELSI

**41.** Autoavaliação.

**42.** 1) Ábaco; 2) Acelga; 3) Dardo; 4) Direito; 5) Favor; 6) Fio; 7) Fresco; 8) Gengiva; 9) Gota; 10) Ícone; 11) Jardim; 12) Lábia; 13) Leito; 14) Machado; 15) Manga; 16) Mecha; 17) Obra; 18) Pasta; 19) Pérola; 20) Suco.

**43.**

| ♥ | ✿ | ♪ | ☺ |
|---|---|---|---|
| ♪ | ☺ | ♥ | ✿ |
| ✿ | ♥ | ☺ | ♪ |
| ☺ | ♪ | ✿ | ♥ |

| △ | ✋ | ❄ | ⇧ |
|---|---|---|---|
| ✋ | ❄ | ⇧ | △ |
| ⇧ | △ | ✋ | ❄ |
| ❄ | ⇧ | △ | ✋ |

**44.**

|     | 62  | 20  | 35  | 75  | 25  | 47  | 50  |
|-----|-----|-----|-----|-----|-----|-----|-----|
| +39 | 101 | 59  | 74  | 114 | 64  | 86  | 89  |
| −6  | 56  | 14  | 29  | 69  | 19  | 41  | 44  |
| +18 | 80  | 38  | 53  | 93  | 43  | 65  | 68  |
| −4  | 58  | 16  | 31  | 71  | 21  | 43  | 46  |
| +26 | 88  | 46  | 61  | 101 | 51  | 73  | 76  |
| −9  | 53  | 11  | 26  | 66  | 16  | 38  | 41  |
| +30 | 92  | 50  | 65  | 105 | 55  | 77  | 80  |
| −12 | 50  | 8   | 23  | 63  | 13  | 35  | 38  |
| +90 | 152 | 110 | 125 | 165 | 115 | 137 | 140 |
| −20 | 42  | 0   | 15  | 55  | 5   | 27  | 30  |
| +65 | 127 | 85  | 100 | 140 | 90  | 112 | 115 |
| −16 | 49  | 4   | 19  | 56  | 9   | 31  | 34  |

**45.** Cristina é baixa e gordinha e tem cabelos longos e castanhos.

**46.**

214

**47.** Pares: 82, 104, 44, 128, 98, 60, 198, 192, 110, 250, 126, 298.

Ímpares: 139, 127, 93, 187, 145, 203, 209, 221, 155, 205, 207, 261, 31, 47, 231, 29, 269.

Ordene os números pares do maior para o menor: 298, 250, 198, 192, 128, 126, 110, 104, 98, 82, 60, 44.

Ordene os números ímpares do maior para o menor: 269, 261, 231, 221, 209, 207, 205, 203, 187, 155, 145, 139, 127, 93, 47, 31, 29.


**48.** Moral da história: "Nunca se deve medir o oponente pela idade, mas sim por seu valor e capacidade".


**49.** Meios de transporte: ônibus, avião, balsa, barca, barco, bicicleta, bonde, bote, caminhão, carro, carroça, carruagem, foguete, helicóptero, jangada, motocicleta, navio, teleférico, trator, trem, submarino...

Países: Brasil, Austrália, Bélgica, Colômbia, Dinamarca, Estados Unidos, França, Guatemala, Holanda, Irlanda, Japão, Luxemburgo, Mônaco, Noruega, Portugal, Quênia, Rússia, Alemanha, Romênia, Egito, Canadá...


**50.** Faltam os números: 99, 110, 124, 139, 147, 153, 159, 165.


**51.** Autoavaliação.


**52.**  Faca – Colher – Garfo: talheres.
Caderno – Papel – Bloco: servem para escrever.
Bola – Tomate – Sol: redondos.
Barros – Matos – Silva: sobrenomes.
Tília – Poejo – Camomila: chás.
A – E– U : vogais.
Vinho – Cerveja – Rum: bebidas alcoólicas.
Margarida – Rosa – Lírio: flores.
Alfredo – Vicente – José: nomes masculinos.
Quatro – Sete – Vinte: números
Outubro – Agosto – Janeiro: meses do ano.


**53.** Autoavaliação.

**54.** a) 4 quadrados para baixo; b) 1 quadrado para a direita; c) 1 quadrado para cima; d) 2 quadrados para a direita; e) 2 quadrados para cima; f) 5 quadrados para a direita; g) 3 quadrados para baixo; h) 2 quadrados para a esquerda; i) 1 quadrado para baixo; j) 5 quadrados para a direita; k) 2 quadrados para cima; l) 1 quadrado para a direita.

**55.** Autoavaliação.

**56.**

| | |
|---|---|
| MESA | METAL |
| TELA | LETAL |
| MATE | LESMA |
| TRÊS | SELETA |
| MALAS | ESMALTE |
| TRAMA | ESTRELA |
| RETAS | MALETAS |

**57.** Faltam as letras: S, N.
Faltam as letras: A, V.
Faltam as letras: L, H.

**58.** Xerife, ouvinte, hélice, cabeçalho, língua, beberagem, gaivota, revista, inchar, bolsa, derreter, erigir.

**59.** (–3): 49 – 46 – 43 – 40 – 37 – 34 – 31 – 28 – 25 – 22.
(–5): 83 – 78 – 73 – 68 – 63 – 58 – 53 – 48 – 43 – 38.
(+8): 28 – 36 – 44 – 52 – 60 – 68 – 76 – 84 – 92 – 100.
(–6): 101 – 95 – 89 – 83 – 77 – 71 – 65 – 59 – 53 – 47.
(+12): 55 – 67 – 79 – 91 – 103 – 115 – 127 – 139 – 151 – 163.
(–7): 98 – 91 – 84 – 77 – 70 – 63 – 56 – 49 – 42 – 35.

**60.** Lúcia é carioca, mas vive em Vitória há mais de doze anos.

**61.** CA/O: caso, cabelo, caldo, cascudo, caminho, cabeleireiro, cabalístico, cabeçalho, cabimento, cabisbaixo, cabo, caboclo, cabresto, cabrito, cavado, cachaceiro, cachimbo, cacho, cacto, cadastro, cavernoso...
MI/O: mito, mísero, mico, micróbio, microscópio, misto, migratório, miolo, milésimo, milhão, milênio, milho, milímetro, mimo, mimoso, mineiro, minério, ministrado, ministro, minoritário, minucioso...

**62.**

5006　　　　　　　　10　　　　10320
　　　　　　　　　　　　　　　　8

**63.**
ASERNH**T**REDKGJGNY**U**ITORLNP**O**ILSFXREDGRTYOLPOIASÇLKJHGDFERT
SJBGHTMJGCDMLFOLRMASETFNI**O**LPÇERTJFMNA**S**IEOLNJ**H**GSNE**R**TCNF
**G**ROLPÇASNZ**C**SDERTNJ**U**TILOPÇNJ**H**TERSFDCNF**H**RGTANE**S**ANJ**S**UIKL
NO**L**PIETRSNJ**U**HNJ**H**YTNR**E**SNR**D**FNI**O**LKJNB**V**CXZASRETOLPÇKJHGTR
FDSEAMBVCGMKJLUMCXSEDMLOKMJUHYTMBVFRTENJ**U**HYNB**V**REN
S**E**AJUINO**L**IPÇNV**F**REDSTGASZXIKOLPÇKMJUYMTGMFREMNJ**U**IKMNH**Y**
GTERNM**B**VFRDEOLIKPXSAZEDRKJNH**A**SNC**D**OLNII**P**LESNV**C**DESOPLY
TRELKÇMNB**P**ÇLOIKJÇGRFEDÇPOIUYÇERSAÇSDERNB**V**FREDSXZAOP
NH**G**RENA**S**ENE**A**NO**P**LÇBVCERTRPÇOLIUJMNB**V**FEDXCBNH**Y**GOLMN
B**V**CVBNMJHGNB**V**CSAEROPÇLIUYTÇPOERNH**T**GFDESNH**B**JUIOLNI**A**S

**64.** M/5 letras: mosca, mamãe, marco, março, mercê, mente. menta, manto, manco, miolo, maior, menor, médio, molar, móvel, manga, malte, muito, moído, morro, morno... P/5 letras: pavão, pátio, pinta, pinto, prado, pedra, podre, pódio, porta, perto, parto, papai, parte, porte, preto, prata, prato, prova, pavor, porto, polvo...

**65.** Pato: não é uma cor. Alberto: não é um nome feminino. Sol: não é um material de escritório. Jarro: não é um móvel. Áries: não é um planeta. Água: não é um alimento sólido. Terra: não é um signo do zodíaco. Porca: não é uma ferramenta.

**66.** 1) Casa; 2) Telefone; 3) Árvore; 4) Castigo; 5) Bolo; 6) Semáforo; 7) Quadro-branco; 8) Castelhano; 9) Ódio; 10) Lápis.

**67.**

|  | 35 | 97 | 46 | 50 | 105 | 137 | 88 |
|---|---|---|---|---|---|---|---|
| −13 | 22 | 84 | 33 | 37 | 92 | 124 | 75 |
| −20 | 15 | 77 | 26 | 30 | 85 | 117 | 68 |
| −19 | 16 | 78 | 27 | 31 | 86 | 118 | 69 |
| −31 | 4 | 66 | 15 | 19 | 74 | 106 | 57 |
| −25 | 10 | 72 | 21 | 25 | 80 | 112 | 63 |
| −16 | 19 | 81 | 30 | 34 | 89 | 121 | 72 |
| −24 | 11 | 73 | 22 | 26 | 81 | 113 | 64 |
| −14 | 21 | 83 | 32 | 36 | 91 | 123 | 74 |
| −9 | 26 | 88 | 37 | 41 | 96 | 128 | 79 |
| −23 | 12 | 74 | 23 | 27 | 82 | 114 | 65 |
| −28 | 7 | 69 | 18 | 22 | 77 | 109 | 60 |
| −11 | 24 | 86 | 35 | 39 | 94 | 126 | 77 |

**68.** Faltam os números: 205, 219, 228, 248, 255, 269, 280, 303, 312.


**69.** 1) Abismo; 2) Abono; 3) Baixa; 4) Barra; 5) Baque; 6) Café; 7) Cavanhaque; 8) Cofre; 9) Fala; 10) Firme; 11) Fissura; 12) Gênero; 13) Habitual; 14) Mancha; 15) Mania; 6) Medida; 17) Milagre; 18) Perfeito; 19) Prancha; 20) Vinheta.


**70.** Moral da história: "Na hora de eleger governantes, é melhor escolher um simples e honesto em vez de um muito empreendedor, porém, malvado ou corrupto".


**71.**

| | |
|---|---|
| D✳ + E▲ = 48 | E✳ + C▲ = 54 |
| B☺ + C□ = 37 | B▲ + C☺ = 29 |
| A♥ + E□ = 35 | D✳ + B✳ = 41 |
| C♥ + B□ = 36 | E□ + C♥ = 49 |
| D▲ + D☺ = 76 | A☺ + D☺ = 47 |
| A□ + C☺ = 21 | B✳ + D□ = 58 |


**72.** Cantores/grupos musicais: Shakira, Beatles, Rolling Stones, Yes, The Who, Queen, Elvis Presley, The Doors, Nirvana, Madonna, Michael Jackson, ABBA, Elton John, Aerosmith, Elis Regina, Luciano Pavarotti, Rita Pavone, Dolores Duran, Maysa, Julio Iglesias, Ella Fitzgerald...

Atores/atrizes: Jack Lemmon, Julie Andrews, Charles Chaplin, Tom Cruise, Audrey Hepburn, Al Pacino, Tom Hanks, Shirley MacLaine, Catherine Deneuve, Glória Menezes, Judy Garland, Fred Astaire, Gene Kelly, Jim Carrey, Harrison Ford, Gregory Peck, Rodolfo Valentino, Kirk Douglas, Tônia Carrero, Mel Gibson, Marlon Brando...


**73.** a) 4 quadrados para a direita; b) 2 quadrados para cima; c) 2 quadrados para a esquerda; d) 1 quadrado para cima; e) 9 quadrados para a direita; f) 1 quadrado para baixo; g) 2 quadrados para a esquerda; h) 1 quadrado para baixo; i) 1 quadrado para a esquerda; j) 3 quadrados para baixo; k) 4 quadrados para a direita; l) 2 quadrados para cima.


**74.** Pedro tem quarenta anos, é advogado e tem um cão e um gato.

**75.**

| ⚑ | ○ | ☼ | ◆ |
|---|---|---|---|
| ○ | ⚑ | ◆ | ☼ |
| ☼ | ◆ | ○ | ⚑ |
| ◆ | ☼ | ⚑ | ○ |

| ♎ | ✡ | ☺ | ⌘ |
|---|---|---|---|
| ☺ | ⌘ | ♎ | ✡ |
| ⌘ | ♎ | ✡ | ☺ |
| ✡ | ☺ | ⌘ | ♎ |

**76.** MOTOCICLETA: ciclo, moto, tomo, lote, tecla, toma, taco, talo, alto, ato, amo, mote, mito, timo, mola, cola, coleta, ciclo, tela, calote, eco...

REPORTAGEM: porta, pera, reta, rato, metro, porte, trem, trema, mato, meta, magro, gato, gota, remo, ato, grota, toga, gema, pote, tema, mote, ermo...

**77.** Pares: 302, 344, 260, 444, 306, 268, 340, 428, 500, 208, 550, 572, 544.

Ímpares: 297, 347, 407, 309, 431, 269, 451, 301, 533, 493, 3, 57, 223, 19, 65, 293, 211.

Pares do maior para o menor: 572, 550, 544, 500, 444, 428, 344, 340, 306, 302, 268, 260, 208.

Ímpares do maior para o menor: 533, 493, 451, 431, 407, 347, 309, 301, 297, 293, 269, 223, 211, 65, 57, 19, 3.

**78.** Faltam as letras: B, U.
Faltam as letras: Z, M.
Faltam as letras: K, F.

**79.**

|     | 101 | 89 | 73 | 118 | 209 | 284 | 192 |
|-----|-----|----|----|-----|-----|-----|-----|
| −32 | 69  | 57 | 41 | 86  | 177 | 252 | 160 |
| −19 | 82  | 70 | 54 | 99  | 190 | 265 | 173 |
| −60 | 41  | 29 | 13 | 58  | 149 | 224 | 132 |
| −44 | 57  | 45 | 29 | 74  | 165 | 240 | 148 |
| −52 | 49  | 37 | 21 | 66  | 157 | 232 | 140 |
| −29 | 72  | 60 | 44 | 89  | 180 | 255 | 163 |
| −55 | 46  | 34 | 18 | 63  | 154 | 229 | 137 |
| −70 | 31  | 19 | 3  | 48  | 139 | 214 | 122 |
| −66 | 35  | 23 | 7  | 52  | 143 | 218 | 126 |
| −13 | 88  | 76 | 60 | 105 | 196 | 271 | 179 |
| −23 | 78  | 66 | 50 | 95  | 186 | 261 | 169 |
| −48 | 53  | 41 | 25 | 70  | 161 | 236 | 144 |

**80.** Autoavaliação.

**81.** RE/O: reto, remo, retrato, reaberto, reabastecimento, reação, recalcado, realismo, remoto, remorso, reverso, respeito, renovado, reprovado, reino, reinado, respaldo, rebento, rebaixamento, relento, revelado...

FA/A: farinha, fantasia, fada, farpa, fatia, faina, faminta, farofa, fama, faca, fala, farta, falácia, fabulosa, faceira, falésia, falsificada, fanfarra, fatiada, fantasma, famosa...

**82.** Os números que faltam são: 360, 372, 393, 409, 422, 449, 458, 467, 476.

**83.**

| | |
|---|---|
| B☺ + E□ = 239 | C□ + E♥ = 446 |
| B□ + D▲ = 89 | D☺ + B☺ = 100 |
| C✳ + C☺ = 103 | C▲ + A□ = 34 |
| D✳ + E▲ = 396 | E□ + D✳ = 212 |
| A☺ + D♥ = 360 | C✳ + A▲ = 133 |
| B▲ + D☺ = 84 | E♥ + C♥ = 515 |

**84.** Autoavaliação.

**85.**

564798324312567987654321245698706534491254679543125673087453712876540321673254637012654723810746128436591204531792451294512396570932451276859043517612086538712096541272387945629125879054612734084692415609345165387907694306545318765087456122065742307654123064531287240915487942390593798358065393712859374502394356793465768478634596532396237954323779422279326843561235803631287054608941435167832350913497844662649674215219543569876289512337356534498643340214562839654879258634480964375167325669134676806523578075213567467532456711217654876943200934525763872123412945375653 29

**86.** Moral da história: "A esperteza, quando é muita, fica grande e come o dono".

87.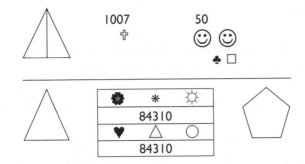

88.
| PORCO | CABRA |
| --- | --- |
| BALEIA | LONTRA |
| CANÁRIO | TOURO |
| LÊMURE | TUBARÃO |
| GIRAFA | TIGRE |
| ANDORINHA | BELUGA |
| PERIQUITO | ARRAIA |

89. (–9): 150 – 141 – 132 – 123 – 114 – 105 – 96 – 87 – 78 – 69.
(+15): 83 – 98 – 113 – 128 – 143 – 158 – 173 – 188 – 203 – 218.
(–4): 207 – 203 – 199 – 195 – 191 – 187 – 183 – 179 – 175 – 171.
(–7): 315 – 308 – 301 – 294 – 287 – 280 – 273 – 266 – 259 – 252.
(+13): 352 – 365 – 378 – 391 – 404 – 417 – 430 – 443 – 456 – 469.
(–12): 601 – 589 – 577 – 565 – 553 – 541 – 529 – 517 – 505 – 493.

90. Benévolo, baixo, palheta, pescoço, ósculo, chalé, abstinência, lamaçal, tigela, pajem, áudio, afugentar.

91.
PURTLIESMNVDFATS**MELRO**ITERONMAPERA**COALA**NTRISAGER**LINCE**
**SERPENTE**IPACIRENTACISOPENSALTIGEDJCSXÇLHITMÇPERCBVEORPALSPETE
RPINEREVASINOCIRI**FOCA**BITUBACOPIRELMNDAHIPLMNTRESEPILOCURASERI
NOVASOPIERD**URSO**LABA**GATO**NESINOLAZUVERDAEPLIERNISUHIEDOÇES
ARECEJUVILANEMOSILEL**MORSA**WAN**OVELHA**HPASIECURTINFIZ
ASÇOIERKSM**BURRO**LÇEZASKERTINUGOASA**ONÇA**ICHTRDLPOEU
TDGRBDAPEORLMCNDTAPEOLIRJDMNCIUETAÇSLOPRMVNBCEIROAÇS
POEXCANÇPOETDNRJGYTFMASBE**BALEIAGALO**PERINASWTRUERCG
DLKROTRETXCASLDKJERDTIOPVMN**COELHO**JOEIILSÇAPOET**CARACOL**
SRACZOXMJFTRFO**LEBRE**BSFETRWDLKHFWGERT**FLAMINGO**SDANOV
NCBDGE**VACA**TOPELEJIHRTI**PACA**RYFALAESRETCVCBNGIROTLGHR
PARI**ARANHA**LKDTERDMCNVBFGETZAÇSLDETILEOSIPOARTIBCSAERIY

221

**92.** Autoavaliação.

**93.** a) 3 quadrados para a direita; b) 1 quadrado para cima; c) 2 quadrados para a esquerda; d) 2 quadrados para cima; e) 5 quadrados para a direita; f) 2 quadrados para baixo; g) 3 quadrados para a direita; h) 3 quadrados para cima; i) 2 quadrados para a direita; j) 4 quadrados para baixo; k) 2 quadrados para a esquerda; l) 1 quadrado para baixo.

**94.** 1) Aranha; 2) Árbitro; 3) Arroz; 4) Bala; 5) Balsa; 6) Bambu; 7) Despiste; 8) Destino; 9) Destreza; 10) Destro; 11) Parte; 12) Passeio; 13) Rã; 14) Rancho; 15) Rango; 16) Relógio; 17) Salão; 18) Saldo; 19) Signo; 20) Sombra.

**95.** Faltam as letras: G, J.
Faltam as letras: R, E.
Faltam as letras: W, T.

**96.** Autoavaliação.

**97.** Pares: 330, 632, 8, 780, 700, 920, 840, 552, 28, 652, 976, 802, 658, 916, 88.
Ímpares: 9, 27, 501, 303, 297, 1, 193, 69, 809, 729, 999, 431, 181, 513, 309.
Pares do maior para o menor: 976, 920, 916, 840, 802, 780, 700, 658, 652, 632, 552, 330, 88, 28, 8.
Ímpares do maior para o menor: 999, 809, 729, 513, 501, 431, 309, 303, 297, 193, 181, 69, 27, 9, 1.

**98.**

| | | | |
|---|---|---|---|
| ♉ | 🔔 | ☯ | 👓 |
| 👓 | ☯ | 🔔 | ♉ |
| 🔔 | ♉ | 👓 | ☯ |
| ☯ | 👓 | ♉ | 🔔 |

| | | | |
|---|---|---|---|
| ✉ | ✂ | ❀ | ✿ |
| ❀ | ✉ | ✿ | ✂ |
| ✿ | ❀ | ✂ | ✉ |
| ✂ | ✿ | ✉ | ❀ |

**99.** Sofia é alta, usa o cabelo curto e tem um gato e um canário.

**100.**

$C\heartsuit + D\copyright = 69$      $B\square + C\square = 550$

$A\square + D\square = 280$      $D\copyright + B\text{✱} = 70$

$C\copyright + A\copyright = 522$      $E\text{✱} + C\blacktriangle = 574$

$E\heartsuit + C\text{✱} = 84$      $D\blacktriangle + A\heartsuit = 311$

$B\copyright + E\blacktriangle = 175$      $B\heartsuit + E\square = 202$

$A\blacktriangle + D\text{✱} = 255$      $A\text{✱} + E\copyright = 666$

**101.**

PIERNI**SUECIA**FUEGICADUELPIJUTIRNASIPIGUIRESALOCAMISOTOTINOME
RADULIQUERAB**HUNGRIA**IPOMAZULIVASOMINAF**ESPANHA**ROPUBIVU
**FRANÇA**UTREGUESASIMOILOPUERVUBERXULIT**ROMENIA**OGUESAJU
TREXUVONGWBDRTESAKLOPÇITREXDELUPOIOCUERNITURDOHIPRMISIE
**HOLANDA**GUESADUENIXILA**GRECIA**ORMOLASUPERDOBUREZASAVEDABI
TOLINOPERCUGUESSINAMITRUGUDRESAZESAZURTENANDIMERLOPUDASIN
TONMISARTOIVABUKTREBOLUJERD**ITALIA**SIOMECODIGREIPIOLUYTREGILO
TERON**ANDORRA**ZUDIESPITRE**LITUANIA**ECORAITRUGFRLÇOO
**NORUEGA**ALOPRESTUNEDITOPI**BELGICA**RLIDASNYOPEU**PORTUGAL**CERXU
NU**TURQUIA**OLE**STONIA**RVASTIESYFL**SUIÇA**MPHOCTREKJYTPERSAN
TIN**POLONIA**DERAZULTEMDT**UCRANIALETONIA**ASINOVEDSAJMONI
ROACXSISTEMIANHGTRASPLVDETILAHGUTRLOIES**IRLANDA**SERTENADÇO

**102.** FOGUEIRA: garfo, fora, figa, fuga, feira, rua, fera, faro, eira, ira, figo, grei, rio, afro, rifa, feia, feiura, freio, ora, órfã, giro...

CAMISETA: seta, mesa, seita, tema, time, meta, até, seca, cima, esta, ema, mica, cisma, mais, eita, camisa, asa, cama, casta, cita, mista...

**103.** Moral da história: "Jamais devemos confiar em alianças baseadas no medo, porque, passado o temor, não valem nada".

**104.** Autoavaliação.

**105.**

| | A | B | C | D | E | F |
|---|---|---|---|---|---|---|
| 1 | | □ | ○ | | | □ |
| 2 | | ☆ | | | △ | |
| 3 | △ | | | ☆ | | ○ |
| 4 | | | | | ○ | |
| 5 | | △ | □ | | | ☆ |

**106.**

| | 2 | 5 | 9 | 3 | 7 | 8 | 6 |
|---|---|---|---|---|---|---|---|
| x3 | 6 | 15 | 27 | 9 | 21 | 24 | 18 |
| x1 | 2 | 5 | 9 | 3 | 7 | 8 | 6 |
| x4 | 8 | 20 | 36 | 12 | 28 | 32 | 24 |
| x9 | 18 | 45 | 81 | 27 | 63 | 72 | 54 |
| x10 | 20 | 50 | 90 | 30 | 70 | 80 | 60 |
| x2 | 4 | 10 | 18 | 6 | 14 | 16 | 12 |
| x5 | 10 | 25 | 45 | 15 | 35 | 40 | 30 |
| x11 | 22 | 55 | 99 | 33 | 77 | 88 | 66 |
| x7 | 14 | 35 | 63 | 21 | 49 | 56 | 42 |
| x8 | 16 | 40 | 72 | 24 | 56 | 64 | 48 |
| x6 | 12 | 30 | 54 | 18 | 42 | 48 | 36 |
| x12 | 24 | 60 | 108 | 36 | 84 | 96 | 72 |

**107.** Autoavaliação.

**108.** Faltam os números: 515, 529, 548, 563, 579, 593, 609, 618, 633.

**109.** L/5 letras: lábio, lenço, limbo, lombo, lança, lince, leite, longo, litro, louro, limão, longe, lento, letal, laudo, lauto, lábia, lagoa, lenha, laico, lacre...

S/5 letras: sabre, sobre, saber, subir, silvo, selva, sarda, surdo, salmo, salve, saída, soldo, solda, santo, sinal, signo, senha, sanha, suave, solto, surra...

224

**110.** 1) Avião; 2) Horóscopo; 3) Amor; 4) Adolescência; 5) Jogo; 6) Túnel; 7) Paz; 8) Calendário; 9) Psicologia; 10) Memória.

**111.** Pares: 366, 208, 6.440, 160, 12, 7.008, 2.748, 9.320, 28, 616, 14, 16, 768, 382, 4.

Ímpares: 529, 1.005, 3.871, 7, 8.771, 463, 297, 299, 4.605, 1, 199, 8.775, 5.483, 81, 191.

Pares do maior para o menor: 9.320, 7.008, 6.440, 2.748, 768, 616, 382, 366, 208, 160, 28, 16, 14, 12, 4.

Ímpares do maior para o menor: 8.775, 8.771, 5.483, 4.065, 3.871, 1.005, 529, 463, 299, 297, 199, 191, 81, 7, 1.

**112.** a) 6 quadrados para a direita; b) 1 quadrado para baixo; c) 3 quadrados para a esquerda; d) 1 quadrado para baixo; e) 2 quadrados para a esquerda; f) 1 quadrado para baixo; g) 5 quadrados para a direita; h) 2 quadrados para baixo; i) 1 quadrado para a direita; j) 4 quadrados para cima; k) 3 quadrados para a direita; l) 2 quadrados para baixo.

**113.** Sérgio trabalha num banco e tem um filho e três filhas.

**114.** S: não é uma vogal. O: não é uma consoante. Paris: não é uma cidade brasileira. Coração: não é uma parte externa do corpo. Rir: não é um verbo terminado em "ar". Água: não é uma bebida alcoólica. Pinheiro: não é uma flor. Triste: não é um adjetivo positivo.

**115.** TE/O: texugo, teleférico, telefônico, telégrafo, teixo, televisão, tendencioso, temerário, texto, texturizado, teatro, tebano, teclado, tecnológico, teimoso, teleguiado, telúrico, tempero, tempestuoso, temporário, tempo...

NA/A: nata, natureza, napa, nanica, nadadeira, naftalina, namorada, naja, narcisista, narrativa, nascida, nativa, navalha, nádega, náutica, narina, nada, náusea, nascença, nacionalista, natureba...

**116.**

| | |
|---|---|
| B♥ – A□ = 28 | E□ – C▲ = 5 |
| D▲ – B☺ = 28 | B□ – C✱ = 7 |
| D✱ – C▲ = 9 | D☺ – D✱ = 10 |
| A▲ – C□ = 1 | B♥ – D☺ = 7 |
| B▲ – A☺ = 3 | E✱ – A☺ = 17 |
| D♥ – C□ = 11 | D▲ – B▲ = 21 |

225

**117.**

ERTOIUJHNFTRPE**O**LFBDTASE**D**KJTPRO**L**KMNBVTSFE**R**
DK**E**VLITBNV**S**CETPL**Ç**L**O**TYEU**D**CSFTAZM**X**NCGFTRKF**J**
MELUQEIRTPOL**K**IUASDXCZTELR**I**OZASLKJFTRMN**B**VC
SFEDTGFL**K**MHJYUPLTMN**B**V**G**SFDRETCZX**A**DSEOLKJT
EYR**H**FBVDFERTGCB**N**MKLOP**Ç**LTOIL**K**JUAZSSEDTGFD
**E**RHJUYTMNB**V**EDSKDJUILOP**Ç**RAEZCSDEIKOLP**Ç**UIAC
EMNBVFEDSKIOLP**Ç**LKJUHYGFREDSAZXVCBGHNJKML
TLOP**Ç**UHYGFREDTHBV**F**ASUJILMYDESZXOLIKTUJH**N**
MBVFEDOP**Ç**LIYTUJH**F**REDSAZXCVBNMKIOP**Ç**LTRED**F**
SAUJHBGVFCDSIKOLP**Ç**MNBVCSAIUESAZBHUIKMJNTR
FD**E**SZXIOLOLPKGFREDSAZXNBVCMKIJOHOLP**Ç**GFDS
AUIJKMNHBGFDESAZXYTGFR**E**DIUJHTGFD**E**SAUJIOLP
**Ç**MNBVCXESYTRED**F**THGB**V**FRTUILI**U**YTHNB**V**CDSTGI

**118.** Autoavaliação.

**119.**

| ★ | ✪ | ✽ | ⊠ |
|---|---|---|---|
| ✪ | ⊠ | ★ | ✽ |
| ✽ | ★ | ⊠ | ✪ |
| ⊠ | ✽ | ✪ | ★ |

| ✖ | ✳ | ◈ | ▣ |
|---|---|---|---|
| ◈ | ✖ | ▣ | ✳ |
| ▣ | ◈ | ✳ | ✖ |
| ✳ | ▣ | ✖ | ◈ |

**120.** Aditivo, orla, parábola, lácteo, maçã, imputar, álgebra, atitude, espevitado, ateliê, bruços, abelha.

**121.** As figuras que se repetem são: ◀◀ , ✝ , ✦ , ⬎ , ☺ , ✿ , ▢ .

**122.**

| | |
|---|---|
| D♥ – B▲ = 58 | D▲ – B☺ = 22 |
| A▢ – B▢ = 10 | E▢ – C✿ = 4 |
| E☺ – A♥ = 49 | B▲ – C☺ = 8 |
| D✿ – E✿ = 44 | B✿ – A▢ = 27 |
| D▢ – E♥ = 23 | C▢ – B▲ = 20 |
| A▲ – D✿ = 25 | E☺ – B☺ = 6 |

**123.** Moral da história: "Valorize as coisas pelo que são, não pelo que aparentam ser".

**124.**

CES**ORIETNIPRAC**PIRTUMIDAJUGUILP**ORIEDAP**EÇOUYE
TREDOSCBVGFDASIKJMONHE**RODACSEP**GTIREIUJALOPÇ
LAKJMONHGBIVFOC**ORIEHNIZOC**IDESXZASEDORFEGASI
ORERUSABLK**IRAG**AREDIFV**OCIDEM**CDSAZ**ODAGOVDA**E
XEOPLIÇIUYERTGFUEVCSEDXIMNJHAYTGORFIDPOLKIJA
TRESASZXACFREGYAIKJLOPAIUYTREJHLNOBNGAFIREI
**ORIEHNEGNE**LPÇOLDESAZAXWETYHG**ORTSEAM**BSLIAR**AR
TAIDEPORIERAMAC**IUPTR**ORIERREF**SDIMJAHNEGTREAS
ZIXOCIUOLPÇOKJMANAHTR**ORIEDNATIUQ**SDFVCXASA
UZASZIXOCIUOLPÇOKJMANAHTRORETURFSDFVCXASAL
ZS**ZIUJ**JNAHGTOLPÇIUTRAEDFBOVCSXZAHJKOUIYTORE
OLPÇEMKIUTREDIFCVHYASAZJMAN**OGOLODOP**IAIRAT
**AIRATERCES**ROJUYTRO**ATSITNED**EBGFDSOLIUYEROPLO
ASZKIUTRELKMOJHNBVIDEOYTOREASKLOENÇZXCETNE
**ETNEREG**DRFTU**ATSINAIP**JUROTA**CWYTRUFGIKJHYUOLP

As profissões são: carpinteiro, padeiro, pescador, cozinheiro, gari, médico, advogado, engenheiro, maestro, pediatra, camareiro, ferreiro, quitandeiro, juiz, podólogo, secretária, dentista, gerente, pianista, ator.

**125.** Mesa, sábado, domingo, gota, taco, colibri, brilhante, tema, matemática, cabana, naja, jabuticaba, banana, navio, ovo, voto, tomara, raquete, telefone, nevoeiro, rodovia, atômico, colorido, doze, zelador, dormência, apavorado, documento, todo, doravante, texugo, goma, material, alquimista, tatu, tumulto, tolice, celeuma, maternidade, dedicado, domínio, oliveira, rabanete, telenovela, lata, talento, tomate, televisor, sorvete, temeroso, solitário, olhado, dobrado, domada, datilógrafa, faxina, natureza, zarabatana, nababo, bolacha, chaleira, ramal, malte, telégrafo, fome, metamorfose, serial, alto, topografia, aluno, novo, você, cênico, como, motocicleta, tabu, bucal, calçado, dominó, nódoa, alicate, teto, tolo, locomotiva, vapor, porteiro, rota, taquigrafia, aliado, doce, cena, nave, velha, lhama, materno, nota, tapume, menino, novato, toga, gato, topete, temática, casa.

**126.**

|   | A | B | C | D | E | F |
|---|---|---|---|---|---|---|
| 1 |   |   | ♥ |   |   | 🕯 |
| 2 | ✋ |   |   | ☺ |   |   |
| 3 |   |   | ☺ |   | ♥ |   |
| 4 | ♥ | 🕯 |   | ✋ |   |   |
| 5 |   | ☺ |   | 🕯 |   | ✋ |

**127.** a) 1 quadrado para baixo; b) 4 quadrados para a direita; c) 1 quadrado para baixo; d) 2 quadrados para a esquerda; e) 1 quadrado para baixo; f) 2 quadrados para a esquerda; g) 1 quadrado para baixo; h) 6 quadrados para a direita; i) 4 quadrados para cima; j) 4 quadrados para a direita; k) 3 quadrados para baixo; l) 2 quadrados para a direita.

**128.**

| | 8 | 4 | 10 | 3 | 7 | 12 | 9 |
|---|---|---|---|---|---|---|---|
| x10 | 80 | 40 | 100 | 30 | 70 | 120 | 90 |
| x9 | 72 | 36 | 90 | 27 | 63 | 108 | 81 |
| x12 | 96 | 48 | 120 | 36 | 84 | 144 | 108 |
| x6 | 48 | 24 | 60 | 18 | 42 | 72 | 54 |
| x20 | 160 | 80 | 200 | 60 | 140 | 240 | 180 |
| x15 | 120 | 60 | 150 | 45 | 105 | 180 | 135 |
| x8 | 64 | 32 | 80 | 24 | 56 | 96 | 72 |
| x23 | 184 | 92 | 230 | 69 | 161 | 276 | 207 |
| x17 | 136 | 68 | 170 | 51 | 119 | 204 | 153 |
| x30 | 240 | 120 | 300 | 90 | 210 | 360 | 270 |
| x28 | 224 | 112 | 280 | 84 | 196 | 336 | 252 |
| x35 | 280 | 140 | 350 | 105 | 245 | 420 | 315 |

**129.** Autoavaliação.

**130.**

RITUMENV**ATELOIV**BFAGERLOUKIYH**AINUTEP**TGFADSI
GDFEDICVBROTYUBMOHJIP**ALUOPAP**SEKETDCBOSNXI
MFOL**AIELAZA**KÇUIEJGOHAZAMEISNFGETRUPÇOLIKIYT
REASQUIKOJMNHGRESDAZXUFRTGYHUJIEL**OVARC**I
**ADIRAGRAM**LKOLPÇMINB**OIRIL**VICFRGTIYESDOIJUHIYGOL
LEÇESAQUYERDKAJMAN**AINEDRAG**ARFEDAZSDXFVNAH
TIOTNEIMASNEPPÇLERAHUAOLETDREGHSLCMEBIENRT
FPOYUGJEFTIERAKISM**OINAREG**BANVIHOFEBACGADVX
**AISNETROH**DSEROLYWUPAL**AILEMAC**ÇTUROTFOILG
**AILONGAM**OKNBIVEIRLAZ**OMETNASIRC**XSÇPIOURATEH
GIJFMIV**ANECUÇAMIMSAJ**NSEDIUJILAZXMOSNOERITIOI
PÇUSDEFGRLAJKAHUYAEOTRAMANJEGEFSERCNEIVAKJ
**AVLISSERDAM**IDOTEURPIOYMTUIR**ADNAVAL**HALIOPYE
**LOSSARIG**ARISEDIJAMINHAGONI**APILUT**UTREULKAMO
JNIHAGEFREDESD**AEDIUQRO**NAREFIGUEROSABALIDTU

As flores são: violeta, petúnia, papoula, azaleia, cravo, margarida, lírio, gardênia, gerânio, hortênsia, camélia, magnólia, crisântemo, açucena, jasmim, madressilva, lavanda, girassol, tulipa, orquídea.

**131.** B/5 letras: barco, beijo, banca, banco, boina, blefe, bloco, botão, balsa, broca, brejo, brita, bruto, bravo, berro, burro, barro, birra, barra, bruma, bisca.

G/5 letras: golpe, grato, grota, grito, grave, galho, ganho, greta, grita, gruta, garbo, gatil, gente, grumo, grama, grana, genro, grená, ganso, gesso, grilo.

**132.**

| ✶ | ✳ | ✱ | ✳ |
|---|---|---|---|
| ✶ | ✳ | ✱ | ✳ |
| ✳ | ✱ | ✱ | ✱ |
| ✳ | ✳ | ✳ | ✶ |

| ✚ | ✛ | ✖ | ✕ |
|---|---|---|---|
| ✛ | ✚ | ✕ | ✖ |
| ✖ | ✕ | ✛ | ✚ |
| ✕ | ✖ | ✚ | ✛ |

**133.** Autoavaliação.

**134.**

$$A✱ – C☐ = 452 \qquad C☺ – D☐ = 377$$
$$E♥ – D☺ = 112 \qquad B▲ – A☐ = 217$$
$$C▲ – B☺ = 779 \qquad E▲ – D = 45$$
$$E▲ – B☐ = 70 \qquad C▲ – E☐ = 781$$
$$D✱ – D▲ = 185 \qquad B✱ – D☺ = 70$$
$$A☐ – E☐ = 110 \qquad A✱ – D▲ = 426$$

**135.** Mesa: não pertence ao banheiro. Nuvem: não é redonda. Gorila: não é um animal de estimação. Tênis: não é uma roupa. Pimenta: não é um ingrediente de bolo. Noventa: não é um número ímpar. Montanha: não é uma condição atmosférica.

**136.** As figuras que se repetem são: 🗡, 👍, 🦋, ☎, 🎵, 🏍, ☸.

**137.** Autoavaliação.

230

**138.**

|      | 740    | 310   | 473   | 831    | 195   | 526    | 697    |
|------|--------|-------|-------|--------|-------|--------|--------|
| x8   | 5.920  | 2.480 | 3.784 | 6.648  | 1.560 | 4.208  | 5.576  |
| x4   | 2.960  | 1.240 | 1.892 | 3.324  | 780   | 2.104  | 2.788  |
| x3   | 2.220  | 930   | 1.419 | 2.493  | 585   | 1.578  | 2.091  |
| x10  | 7.400  | 3.100 | 4.730 | 8.310  | 1.950 | 5.260  | 6.970  |
| x2   | 1.480  | 620   | 946   | 1.662  | 390   | 1.052  | 1.394  |
| x5   | 3.700  | 1.550 | 2.365 | 4.155  | 975   | 2.630  | 3.485  |
| x7   | 5.180  | 2.170 | 3.311 | 5.817  | 1.365 | 3.682  | 4.879  |
| x11  | 8.140  | 3.410 | 5.203 | 9.141  | 2.145 | 5.786  | 7.667  |
| x6   | 4.440  | 1.860 | 2.838 | 4.986  | 1.170 | 3.156  | 4.182  |
| x9   | 6.660  | 2.790 | 4.257 | 7.479  | 1.755 | 4.734  | 6.273  |
| x12  | 8.880  | 3.720 | 5.676 | 9.972  | 2.340 | 6.312  | 8.364  |
| x20  | 14.800 | 6.200 | 9.460 | 16.620 | 3.900 | 10.520 | 13.940 |

**139.** Cidade, defesa, saber, berro, robalo, loja, janota, tamarindo, dolorido, doceira, ramo, mobilidade, detentor, tormenta, tarimba, batuque, querela, lago, goma, marido, domo, mofo, folia, ameixa, xale, lebre, breve, vela, lama, matuto, toca, cadeira, rabo, bolacha, chave, veleiro, roda, dama, manivela, ladeira, rabanada, dadivoso, sopa, paladino, notório, obra, bramir, mirtilo, logaritmo, molenga, gato, toada, daquilo, locomotiva, valete, telefone, nepotismo, moleza, zagueiro, romance, cebola, lajota, tabu, bule, levedo, dono, nova, varíola, lápis, pistola, laringe, gelado, dopar, parte, telhado, doçura, ravina, narina, naco, colorido, dolosa, sapo, popular, larva, valente, tenor, norte, tela, laje, jegue, guepardo, doca, cavalo, lobo, bobo, boliche, cheque, querido, doador, dormente, tenente, temeroso, sola, labirinto.

**140.**

|   | A | B | C | D | E | F |
|---|---|---|---|---|---|---|
| 1 | ⚑ |   | 🔔 |   |   | ✚ |
| 2 |   | 📖 |   | ✚ |   |   |
| 3 | 🔔 |   |   |   |   | ⚑ |
| 4 |   |   | ✚ |   | 📖 |   |
| 5 |   | ⚑ |   | 📖 |   | 🔔 |

**141.**

```
10293847657463827594098352237650393831289076
54387543298076432123432679643217809870234189076  4
31327809754378451237654890875346087123542 79437 81
53476125210983247857423509135091235783457821 7577
17589061342323409675132467580872351387678912432 1
5674123587325437998513409123578097234098762398 40
976778123094879123028372934627812984309230980762
43098129087634289123409876341235346 7235132765890
435127645890989647589043812758943279850098754323
0786425900854321587009324563489065123521478 63459
0875423897684512378746523908765413874322189098 43
218790643212908743678542320988872234789853144701
```

**142.** Autoavaliação.

**143.**

| | |
|---|---|
| CEDO | ACENO |
| CENA | NUNCA |
| DEDO | NÓDOA |
| CADA | ACUDA |
| CANO | CANECA |
| ANDO | CANUDO |
| NUCA | DUENDE |

**144.**

$B✽ + C♥ + D▲ = 95$  $\qquad$ $E♥ + D☺ + B□ = 109$

$C☺ + D□ + C✽ = 53$  $\qquad$ $B☺ + C□ + D✽ = 168$

$D✽ + B▲ + E□ = 86$  $\qquad$ $A♥ + B♥ + E♥ = 128$

$A✽ + B☺ + D☺ = 85$  $\qquad$ $D□ + E☺ + C♥ = 114$

$C☺ + D□ + D♥ = 64$  $\qquad$ $C□ + D▲ + E✽ = 103$

$A▲ + B▲ + D▲ = 90$  $\qquad$ $C▲ + D✽ + B✽ = 99$

**145.**

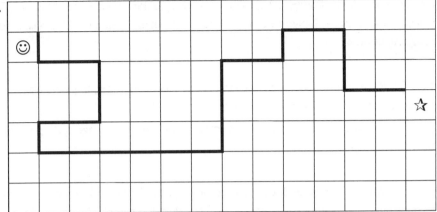

**146.** A/5 letras: ábaco, ácaro, amora, ameia, abril, álibi, abade, altar, árido, ácido, ávido, atlas, amado, antes, agora, afora, aliás, abuso, apito, ápice, acaso...

O/5 letras: oásis, ópera, óbito, odiar, obeso, óbice, óbolo, obter, obrar, ocaso, ótica, óvulo, oeste, ofurô, oliva, ombro, ômega, ocapi, opaco, ótimo, ordem, órfão...

**147.** Moral da história: "Alguns vaidosos, que julgam ser perfeitos, ao se gabarem mostram seus defeitos".

**148.**
QUESERANEHITR**ABMOP**OREUDLIJIBASER**UGNIX**ERRO
LUSADWREGCSPIERNOTILP**ABIANRAP**SUDERINAZ**IRIRI**
BOPILERIFPNTUCARNUTYGAÇOHUERLIBTFEDRINO
PORILAZOJATUZAVANAMIN**AHNOHNITIUQEJ**IMIESN
OTADUHER**SURUP**ORGR**EROMAM**IDONIBAZUBILEGER
UTOSAMINOPOTILERCAZAANAIDAUGLRACUJ**ETEIT**IH
UFIESL**UÇAUGIGORGEN**ASJGUERTOCAQUELOTRXZIP
ESAJUYEFULOTAGERBOLLPAZYFET**ECOD**AUGJTÇGRD
**SOJAPAT**ASTOILNYD**SATOLEP**ILOCUTRIVIUQLADAU
GIIELOMIBOPILIBTFEDR**EROPAUG**CSPZIE   RDARUGES
A**SANOZAMA**R**ANARAP**OLUIBASERERLIBTFITERAGIL
OPOSUTONOIVRENIJARACITRINOÇOYIPLITREIDAALSE
**SNITNACOT**RECAPORILINEGAZUZ**ARIEDAM**INIBERIE
MER**AIAUGARA**HIELIMIESNOTADUORD**AMEURUJ**ATU

233

Os rios do Brasil são: Pomba, Xingu, Parnaíba, Iriri, Jequitinhonha, Purus, Mamoré, Tietê, Iguaçu, Negro, Doce, Tapajós, Pelotas, Guaporé, Amazonas, Paraná, Tocantins, Madeira, Araguaia, Juruema.

**149.** SALPICAR: picar, sal, pisar, capilar, aplicar, pilar, parca, carpa, placa, placar, sacar, casa, casal, sala, rica, sara, pisa, rasa, saca, ripa, capa...

GRAVIOLA: viola, raiva, via, vila, ala, gala, galo, avião, gavião, voa, lago, gola, gol, rio, ralo, raio, alga, algo, violar, olá, gari...

**150.** Tio: não é ascendente direto. Crescerei: o verbo não está no passado. Janeiro: não termina em "bro". Latim: não é uma língua viva. Pulseira: não se põe no cabelo. Banana: não é da cor preta. Abril: não tem 31 dias. Cozido: não é massa.

**151.**

| | |
|---|---|
| B♥ + C□ + E▲ = 1.372 | D♥ + E✱ + A□ = 1.065 |
| A☺ + D▲ + C♥ = 190 | B□ + C□ + D♥ = 2.174 |
| B□ + D□ + E = 2.008 | E□ + C☺ + A♥ = 1.003 |
| A✱ + D▲ + B☺ = 189 | B☺ + D✱ + B = 721 |
| C□ + D♥ + C▲ = 1.273 | C□ + D☺ + B✱ = 1.879 |
| E☺ + A▲ + C✱ = 798 | E☺ + A▲ + C✱ = 798 |

**152.** Autoavaliação.

**153.**

| | |
|---|---|
| BERINJELA | BISCOITO |
| TOMATE | BRIGADEIRO |
| ARROZ | CHOCOLATE |
| MANGA | BATATA |
| CARAMBOLA | MILHO |
| FARINHA | PÃO |
| AIPIM | MACARRÃO |

**154.** As letras que não têm par são: C, I, P, U.

**155.** Autoavaliação.

**156.**

|   | A | B | C | D | E | F |
|---|---|---|---|---|---|---|
| 1 |   |   |   | ✉ |   | ✈ |
| 2 | ✿ | ✈ |   |   | ✈ |   |
| 3 |   | ✂ |   |   | ✂ |   |
| 4 |   | ✿ |   |   | ✉ |   |
| 5 | ✉ |   | ✂ | ✿ |   |   |

**157.** Saia: não é material de costura. Batata: não é uma fruta. Águia: não é um animal de fazenda. Estados Unidos: não tem o francês como uma das línguas oficiais. Calça: não se usa no pé. Mão: não faz parte do rosto. Tietê: não é um rio do Amazonas. Melbourne: não é uma cidade francesa.

**158.**

```
1029432875642301984536210294485902354726545940 83
440292558309765345809875789034528763545690356722
456730913464256095346773103215624590432156890654
234009872456745328090095770346678009757835675438
090954345678134509456687645677658235609092456094
5782356782346804584340843484345866824806683 3865
48096843812800583448643054237609093593054320 3127
3540706591244158964383366035426786589978768 9478
234843256896345806466782455865438563509990432126
4733358433746244675860794734528697857536586934 6
256589692665769890589484775969690954874664887575
646756352658668448697863765684736255353546464 68
```

**159.** E/5 letras: época, édito, ébrio, ebola, ébano, ecoar, edema, elite, enema, e-mail, êmulo, enjoo, entre, epóxi, ereto, errar, emite, estio, então, entoa, enfia, escoa.

I/5 letras: ícone, inato, istmo, idade, idoso, ídolo, índio, irado, ímpio, imune, ilhéu, ideal, ideia, igapó, ígneo, iogue, ilhar, ilhós, índex, irmão, ímpar, íngua.

**160.**

| | |
|---|---|
| D✳ – D▲ – C□ = 20 | D☺ – E☺ – C✳ = 14 |
| C☺ – D☺ – E□ = 32 | B☺ – C♥ – C□ = 40 |
| C▲ – B☺ – E□ = 1 | E✳ – D▲ – A☺ = 6 |
| E✳ – B□ – E▲ = 9 | C☺ – E✳ – A✳ = 24 |
| D□ – B▲ – A✳ = 6 | B✳ – C□ – D▲ = 28 |
| D♥ – E♥ – B♥ = 22 | A▲ – B▲ – E□ = 19 |

**161.** Autoavaliação.

**162.** Fator, tormenta, taco, cola, lamento, tosa, saleiro, rocha, chalé, léxico, comédia, alicate, telefone, neve, veado, dote, tecido, dose, semáforo, rochosa, sapeca, camarote, televisor, sorvete, temático, coser, servente, tema, Mali, licor, córtex, texto, toada, dano, nocivo, voto, totalidade, depender, dermatologista, taludo, domínio, oleiro, romance, cedo, domingo, gola, lavadeira, ramalhete, telefonia, alegria, alaúde, demente, teta, tabloide, defende, dezembro, bromélia, alergia, Aracaju, jurisprudência, alumínio, otomano, nova, vapor, porco, colorido, dote, temático, coliforme, medo, domo, monótono, notório, oca, casal, salva, valise, sexo, xote, teto, topo, politécnico, coro, rosa, sarabanda, dado, dono, nove, veneno, novena, naquele, levante, temido, doleiro, Roma, matéria, aliás, áspero, romeno, novembro, broto, totem, temperatura, rato.

**163.** As figuras que se repetem são: ⬄, ☒, 📫, 📁, ➦, ✪, ▯.

**164.**

| | |
|---|---|
| BETA | BASTA |
| BASE | SESTA |
| GAFE | GASTA |
| FASE | TESTA |
| GATA | ÁGATA |
| SETA | FESTA |
| BESTA | BATATA |

**165.**

| | 60 | 80 | 45 | 50 | 54 | 88 | 72 |
|---|---|---|---|---|---|---|---|
| ÷2 | 30 | 40 | 22,5 | 25 | 27 | 44 | 36 |
| ÷6 | 10 | 13,3 | 7,5 | 8,3 | 9 | 14,6 | 12 |
| ÷4 | 15 | 20 | 11,25 | 12,5 | 13,5 | 22 | 18 |
| ÷10 | 6 | 8 | 4,5 | 5 | 5,4 | 8,8 | 7,2 |
| ÷12 | 5 | 6,6 | 3,75 | 4,16 | 4,5 | 7,3 | 6 |
| ÷8 | 7,5 | 10 | 5,625 | 6,25 | 6,75 | 11 | 9 |
| ÷3 | 20 | 26,6 | 15 | 16,6 | 18 | 29,3 | 24 |
| ÷1 | 60 | 80 | 45 | 50 | 54 | 88 | 72 |
| ÷5 | 12 | 16 | 9 | 10 | 10,8 | 17,6 | 14,4 |
| ÷20 | 3 | 4 | 2,25 | 2,5 | 2,7 | 4,4 | 3,6 |
| ÷24 | 2,5 | 3,3 | 1,875 | 2,083 | 2,25 | 3,6 | 3 |
| ÷30 | 2 | 2,6 | 1,5 | 1,6 | 1,8 | 2,93 | 2,4 |

**166.** Autoavaliação.

**167.**

**168.**

| | |
|---|---|
| B▲ – C□ + E▲ = 670 | E♥ – C□ + D□ = 164 |
| D□ – E☺ + C▲ = 60 | B▲ – C♥ + A✳ = 366 |
| C□ – D▲ + B□ = 159 | D▲ – C☺ + C♥ = 641 |
| A☺ – D✳ + C✳ = 813 | E☺ – B□ + B✳ = 98 |
| E☺ – E✳ + C▲ = 127 | A♥ – B♥ + E▲ = 62 |
| D♥ – C□ + A□ = 812 | A□ – E♥ + C☺ = 362 |

**169.**

| | |
|---|---|
| NARIZ | DEDOS |
| PANTURRILHAS | UNHAS |
| PESCOÇO | BOCA |
| ORELHAS | OLHOS |
| PERNAS | UMBIGO |
| JOELHOS | NÁDEGAS |
| BARRIGA | BRAÇOS |

**170.**

| | A | B | C | D | E | F |
|---|---|---|---|---|---|---|
| 1 | 🚲 | | ☎ | | 🕊 | |
| 2 | | | 🚲 | | | |
| 3 | ☎ | | | 🐈 | | 🐈 |
| 4 | | | 🕊 | | ☎ | |
| 5 | | 🐈 | | 🚲 | | 🕊 |

237

**171.** Autoavaliação.

**172.**
| | |
|---|---|
| ÁREA | CERCA |
| BOLA | BARCO |
| CALO | BORRA |
| CARA | CERRAR |
| RABO | CABELO |
| LOBA | CARECA |
| ARCA | BALELA |

**173.** Autoavaliação.

**174.** Moral da história: "Muitas vezes, um salário melhor implica mais responsabilidades e grandes riscos".

**175.** As letras que não têm par são: F, L, T, Z.

**176.** Autoavaliação.

**177.**
| | |
|---|---|
| CEARÁ | PIAUÍ |
| AMAZONAS | BAHIA |
| SERGIPE | PARÁ |
| PERNAMBUCO | ACRE |
| PARAÍBA | GOIÁS |
| PARANÁ | ALAGOAS |
| TOCANTINS | RORAIMA |

**178.**

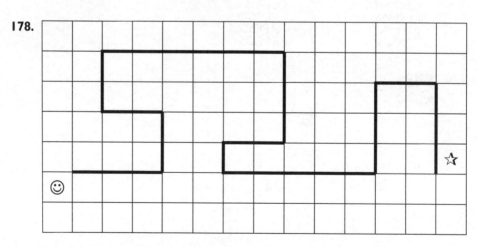

**179.** Autoavaliação.

**180.**

| | 100 | 128 | 82 | 496 | 68 | 250 | 392 |
|---|---|---|---|---|---|---|---|
| ÷10 | 10 | 12,8 | 8,2 | 49,6 | 6,8 | 25 | 39,2 |
| ÷5 | 20 | 25,6 | 16,4 | 99,2 | 13,5 | 50 | 78,4 |
| ÷16 | 6,25 | 8 | 5,125 | 31 | 4,25 | 15,625 | 24,5 |
| ÷2 | 50 | 64 | 41 | 248 | 34 | 125 | 196 |
| ÷4 | 25 | 32 | 20,5 | 124 | 17 | 62,5 | 98 |
| ÷50 | 2 | 2,56 | 1,64 | 9,92 | 1,36 | 5 | 7,84 |
| ÷8 | 12,5 | 16 | 10,25 | 62 | 8,5 | 31,25 | 49 |
| ÷20 | 5 | 6,4 | 4,1 | 24,8 | 3,4 | 12,5 | 19,6 |
| ÷11 | 9,09 | 11,63 | 7,45 | 45,09 | 6,18 | 22,72 | 35,63 |
| ÷9 | 11,1 | 14,2 | 9,1 | 55,1 | 7,5 | 27,7 | 43,5 |
| ÷12 | 8,3 | 10,6 | 6,83 | 41,3 | 5,6 | 20,83 | 32,6 |
| ÷25 | 4 | 32 | 3,28 | 19,84 | 2,72 | 10 | 15,68 |

Conecte-se conosco:

facebook.com/editoravozes

@editoravozes

@editora_vozes

youtube.com/editoravozes

+55 24 2233-9033

www.vozes.com.br

Conheça nossas lojas:

www.livrariavozes.com.br

Belo Horizonte – Brasília – Campinas – Cuiabá – Curitiba
Fortaleza – Juiz de Fora – Petrópolis – Recife – São Paulo

EDITORA VOZES LTDA.
Rua Frei Luís, 100 – Centro – Cep 25689-900 – Petrópolis, RJ
Tel.: (24) 2233-9000 – E-mail: vendas@vozes.com.br